入学、质量与赋权
——中国农村女童教育发展20年经验与创新

池　瑾　张莉莉　李国庆◎著

中国出版集团

世界图书出版公司

广州·上海·西安·北京

图书在版编目（CIP）数据

入学、质量与赋权：中国农村女童教育发展20年经验与创新 / 池瑾，张莉莉，李国庆著. — 广州：世界图书出版广东有限公司，2016.5

ISBN 978-7-5192-1379-4

Ⅰ.①入… Ⅱ.①池… ②张… ③李… Ⅲ.①农村—儿童教育—研究—中国 Ⅳ.①G61

中国版本图书馆CIP数据核字（2016）第114191号

入学、质量与赋权——中国农村女童教育发展20年经验与创新

策划编辑　孔令钢

责任编辑　黄　琼

出版发行　世界图书出版广东有限公司

地　　址　广州市新港西路大江冲25号

http://www.gdst.com.cn

印　　刷　北京振兴源印务有限公司

规　　格　880mm×1230mm　1/32

印　　张　5

字　　数　85千

版　　次　2016年5月第1版　2016年5月第1次印刷

ISBN　978-7-5192-1379-4/G·2078

定　　价　20.00元

摘　　要

　　基于本土文化和背景特征,本书以整合的视角回顾了近二十年来中国在促进农村女童教育和发展方面的政策措施、国际机构的援助活动和民间组织自下而上的创新实践。

　　在女童教育方面,中国政府制定指导性文件,设定女童教育发展目标和方向;把贫困地区作为发展的重点和难点,增加教育经费,改善基础设施,加强教师培训,并针对民族与贫困地区女童教育的特殊需求,开展非正规教育和社区教育活动。国际机构和本土民间组织则通过资金援助、能力建设、技术支持和咨询服务,将性别视角纳入学校建设与教育过程,动员社区女性和女童参与学校发展,赋权大龄女童,促进女童的全面发展。女童的教育问题超出教育本身,需要采取系统、创新的解决方案,并通过社会合力解决。

    本书强调本土专家和实践者在增强项目影响力、可持续性以及完善本土行动机制中的重要作用,探讨了中国女童教育和发展可供国际分享的经验和教训,以及全球教育运动发展在本土的融合问题,并指出政策和行动缺乏性别敏感性,教育公平政策难以有效落实,传统体制与观念的制约,跨部门合作以及巩固现有成果等长期面临的挑战。

目　　录

第一章　背　　景

赋权女童、保障女童的人权并消除针对女童的歧视和暴力，是推动整个人类大家庭进步的关键。为女童提供她们应该接受的教育是实现这些目标的最佳途径之一。女童和妇女接受教育不仅是其应该享有的一项基本权利，也是促进人类发展最可能的投资方式。

——联合国教科文组织总干事 伊琳娜·博科娃

女童教育是促进社会公正和可持续发展的关键,是减轻贫困、推动人类发展、构建社会包容和平等的催化剂,也是加速社会变革的最佳投资选择(UN, 2010; World Bank, 2012)。教育不仅能够使女童习得基础知识和基本技能,而且能够帮助她们掌握进行制度化思维的话语规范,获得明确目的与路径的导航技能,提高社会生存和发展能力,解决发展道路上的种种障碍(Levine et al., 2012)。此外,受过教育的母亲也可以养育健康的下一代,并在价值观和行为方式的形成上发挥积极的作用。这些机制阐明了为什么平等接受优质教育(尤其是女童),能够为女童、男童、女性、男性乃至整个社区的健康、营养、教育、人力资源和社会经济发展带来积极的影响。

女童教育对于女童自身和整个社会的益处早已成为共识。自20世纪60年代起,女童的受教育权就成为人权框架中无可争议的话题。从1990年宗滴恩会议和《儿童权利公约》,到2000年全民教育目标和千年发展目标,性别平等和教育权利都明确成为国际社会发展目标的核心内容。然而,经研究发现:国际发展项目对女童教育问题的影响甚微(Fustos, 2010)。2010年,国际劳工组织、联合国教科文组织、联合国人口基金会、联合国儿童基金会、联合国妇女发展基金会以及世界卫生组织共同承诺,将加大对发展中国家最难触及的大龄女童的支持力度(UNESCO,2010)。联合国教科文组织"教育第一"全球倡议提出确保每一名儿童都能平等地接受教育,并确保全民教育目标中的性别平等问题可以得到有效解决。

近十年来,世界多个国家在实现全民教育方面都取得了显著进步,但在教育系统中仍然广泛存在着不平等问题(UNESCO,2003)。目前,全球范围内,约有3 900万初等教育适龄女童失学或辍学,世界上7.96亿成人文盲中,妇女的比例高达2/3。[①]此外,世界52个国家小学阶段毛入学人数的性别均等指数在0.95以下;只有约1/3有相关数据的国家在中学实现了性别均等(UNESCO,2011)。(参见表1.1)尽管许多国家似乎基本实现了普及初等教育的目标,例如,2012年中国小学净入学率高达99.9%,但是这些数据往往只关注整体入学人数,尚未充分考虑女童和男童的教育质量和学习经历。

[①] 请参见2011年5月"联合国教科文组织发起全球合作,促进妇女和女童教育发展",http://www.unesco.org/new/en/media-services/single-view/news/unesco_to_launch_global_partnership_for_girls_and_womens_education/#.UltPMtKBnYM。

表 1.1 初等、中等、高等教育性别均等指数（女/男）

| | 初等教育性别均等指数 毛入学率% | | | | 中等教育性别均等指数 毛入学率% | | | | 高等教育性别均等指数 毛入学率% | | | |
| | 1990/1991 | | 2008 | | 1990/1991 | | 2008 | | 1990 | | 2007 | |
	共计	GPI	共计	GPI	共计	GPI	共计	GPI	共计	GPI	共计	GPI
世界	99.5	0.88	107	0.97	50.7	0.83	67	0.96	14.3	1.88	26	1.08
中国	125.2	0.93	113	1.04	48.7	0.75	76	1.05	2.9	0.52	23	1.01
东亚和太平洋	116.8	0.95	110	1.01	50.2	0.84	77	1.04			26	1.00
发达国家	104.6	1.00	102	1.00	94.4	1.02	101	1.00	35.8	1.01	67	1.29

资料来源：UNESCO.（2002，2003，2011），《全民教育全球监测报告》。

学习过程和结果中的性别不平等问题依然突出。无论是在进步的程度还是学业的表现上,女生通常都比男生更为出色,但是大量证据表明,在学习成就上存在着显著的性别差异(UNESCO,2012)。女性往往只能从事某些特定的职业,所获得的薪酬比男性要低,而且因为要照顾家庭,她们的升迁机会也往往较少。因此,良好的教育背景并未能为女性带来更多的就业机会,她们仍然要面临来自劳动力市场的种种歧视和限制,在学校所学技能在未来的工作中往往没有用武之地(UNESCO,2012)。

因此,确保最边缘化的和处境最不利的群体平等接受教育,保障其所拥有的教育和发展的权利,并推动优质教育和全民学习议程的进展,仍然是包括中国在内的许多国家所面临的严峻挑战。

近20年来,中国实行政治经济和教育体制改革,经济总量世界排序从1990年的第10位①升至2011年的第2位②,然

---

① 根据国家统计局的相关数据,http://news.xinhuanet.com/fortune/2012-06/03/c_112104570.htm。

② http://biz.cn.yahoo.com/ypen/20120604/1087289.html。

而2011年中国人均GDP在183个国家中排第89位[①]，人类发展指数在187个国家中排第101位；全球性别差异指数[②]在135个国家中排第61位。这些数据表明：尽管经济快速增长，中国仍然是一个发展中国家，未来还需要继续进步。

中国是世界上人口最多的国家，始终关注增加人力资源的技术含量和优势。为更好地应对经济社会发展，教育被认为是促进社会公平与和谐发展的基础。由于长期推行计划生育人口政策，中国人口自然增长率从1990的14.39‰下降到2012年的4.95‰[③]。学龄人口下降，家庭中孩子数量减少，女童得到更多教育投入。中国女童教育的发展重点已经从确保入学和教育机会上的平等，转向促进教育发展和社会的可持续发展。

在这一背景下，中国女童教育的发展在内容和重点上表现为两个阶段：第一阶段，20世纪90年代，扩大教育机会，保

[①] http://english.peopledaily.com.cn/90778/7912357.html。

[②] 全球性别差异指数（Global Gender Gap Index）是由世界经济论坛在2006年提出的，强调需要制定一个监测性别平等的指标体系，全面衡量国家一段时间内的进步程度。

[③] http://www.stats.gov.cn/tjsj/ndsj/2011/indexch.htm。

障女童受教育权利;第二阶段,2000年以后,强调教育公平,改善弱势群体的教育状况。中国于1993年提出"基本普及九年义务教育、基本扫除青壮年文盲('两基')"的发展目标。2000年,中国小学女童入学率达到99.07%[1](参见图1.1),即使在经济发展相对落后的西北地区,小学女童入学率也已达95%以上[2]。但是,女童占10—14岁学龄儿童辍学人口的57.9%,农村中小学辍学女童占58.52%[3]。不同地区和省份之间,女童和男童的比例存在显著差异。

中国作为全球9个人口众多的发展中国家之一,在全民教育和千年发展目标的全球变革中取得了显著的进展。自2000年以来,中国把推动处境不利群体的教育公平以及基于权利的全面发展作为教育攻坚的重点。来自贫困、西部、少数民族、农村地区女童和流动女童的义务教育仍然面临十分严峻的挑战。在西部贫困地区,少数民族女童的辍学率普遍

---

[1] 请参见《中国全民教育国家报告——聚焦农村教育》2005,10。

[2] 请参见 http://www.china.com.cn/chinese/zhuanti/255431.htm。

[3] 中华人民共和国教育部发展规划司. 中国教育事业统计年鉴[Z]. 北京:人民教育出版社,2000。

http: // economy. caixin. com /2013 -02-22 /100493253_all.html#page2。

高于汉族女童(王振岭,2000;王舟,2008)。经过10年的努力,到2010年底,全国小学女童入学率已高出男童0.05%(参见图1.2),西部地区甚至高达0.17%,然而整体入学率还是相对偏低(参加图1.3)。[①]此外,全国普通初中和职业初中女生比例分别为47.21%和47.62%。[②]性别均等指数为1.01(UNESCO,2012b)。

---

① 根据教育部 2011 年的数据 , http://www.moe.edu.cn/publicfiles/business/htmlfiles/moe/s6200/201201/129533.html。

② 中国教育部 , http://www.moe.gov.cn/publicfiles/business/htmlfiles/moe/s6200/index.html。

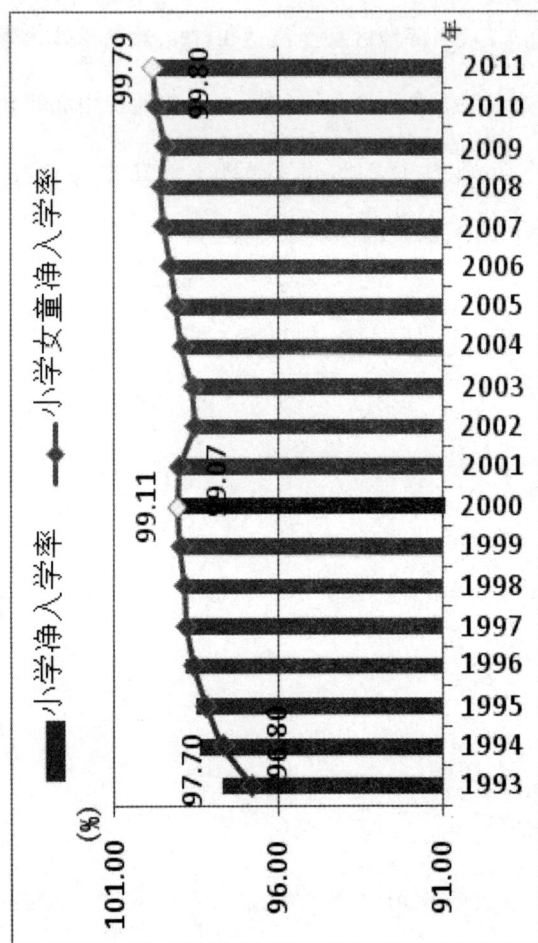

图1.1 中国小学及女童净入学率（1993—2011年）

图 1.2 中国女童及男童净入学率（1991—2010 年）

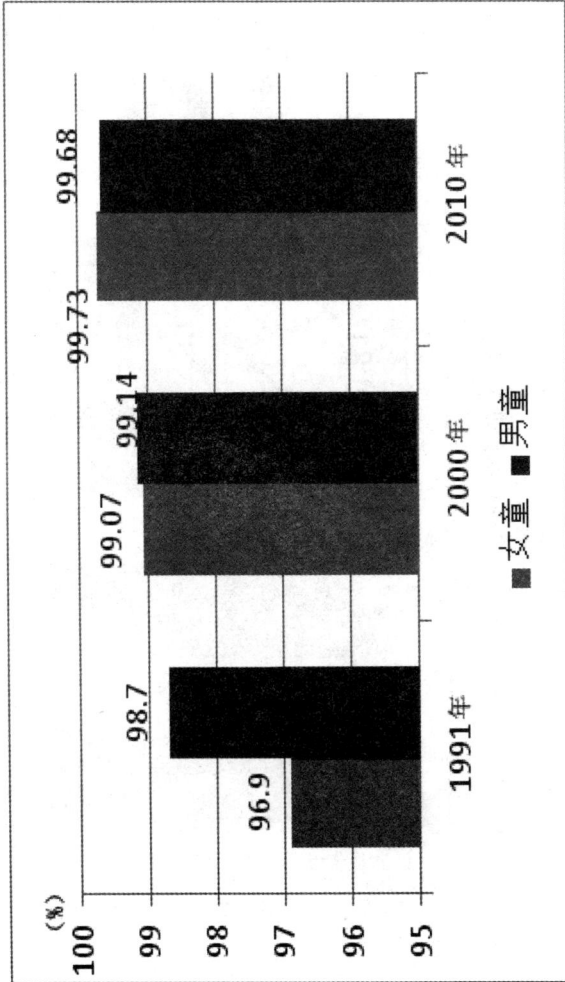

	1991年	2000年	2010年
女童	96.9	99.07	99.73
男童	98.7	99.14	99.68

（%）纵轴：100 99 98 97 96 95

■ 女童　■ 男童

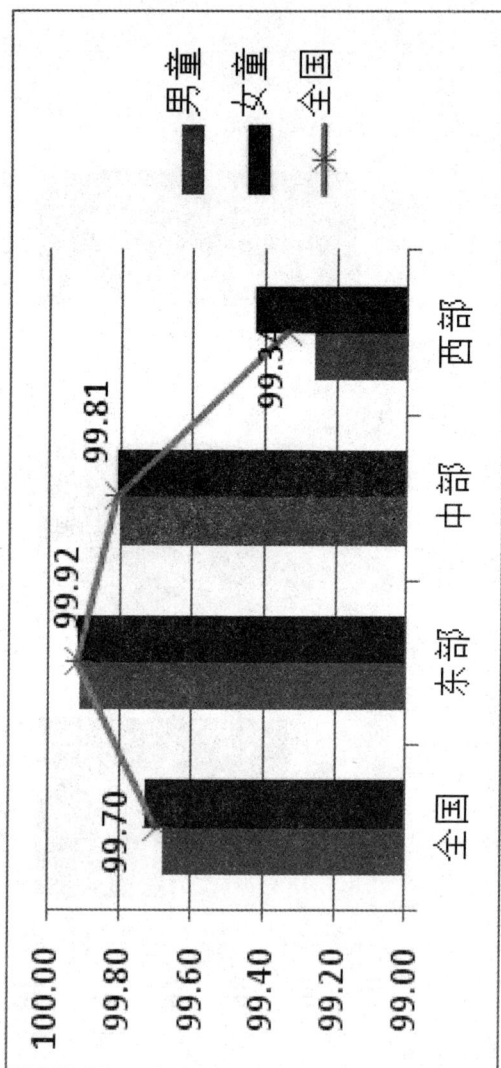

图1.3 2010年按地区和性别划分的中国小学净入学率(%)

图 1.4 2002—2010 年中国各级教育入学率（%）

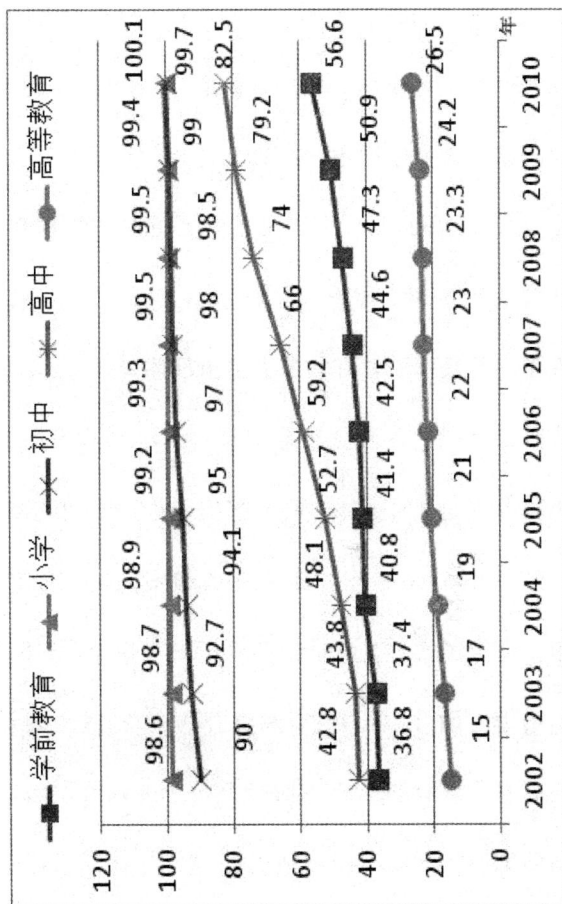

随着全球化和社会转型的加快,中国正步入一个追求均衡发展和教育公平的新千年。中国农村教育也面临一个历史上前所未有的大变革:一是学龄人口大幅度减少,小学生人数从最高峰1997年的1.4亿下降到2012年的9 000万;二是边缘化农村家庭中,规模庞大的留守儿童和流动儿童群体出现。①中国目前正大力推动教育的统筹规划和均衡发展,从解决"上学难"转变到关注"上好学"。在这一转型中,农村女童仍然是优质教育的最大需求群体。

尽管一些国际报告和国家报告已经对中国教育发展的整体状况进行了呈现,但系统梳理中国近20年来在女童教育和性别平等推进方面的进展和实践的文献仍然十分有限。在全民教育全球框架和中国教育全面发展的背景之下,本书力图融合本土、情境和整合的视角,深入阐释中国农村地区女童教育与赋权方面自上而下的政策做法以及自下而上的创新实践。本书总结了近20年来国家促进女童教育发

---

① 请参见2013年杨东平在首届乡村文明发展论坛上所做报告,http://www.sn221.com/article.php?act=detail&id=15771。

展所采取的战略性举措,以及国际组织和社会组织的主要活动,强调本土专家和实践者在增强项目影响力、可持续性以及本土化过程中完善行动机制的重要作用。最后,反思和探讨中国女童教育和发展可供国际分享的经验和教训、全球教育运动发展在本土的融合问题、未来教育工作长期面临的挑战以及促进女童教育发展的战略性建议。

第二章　问题和挑战

性别问题与地区多样性、城乡差异、社会阶层和民族问题等诸多社会和情境因素交织在一起。在中国，偏远地区、山区、内陆所处的地域环境几乎代表了相对贫困的生活背景和有限的教育条件。当地的社会、经济和文化特征影响了儿童的发展轨迹，其中女童教育更容易受其影响。相关数据显示，1990年中国西部四省区宁夏、甘肃、青海、贵州入学率低，辍学率高，约占全国失学儿童的25%（周卫，1995）。西部女童在入学方面存在着各种长期的问题。尽管女童教育中的障碍和需求各不相同，但是来自经济、制度、学习动机以及安全方面的问题是世界各国女童教育所面临的共同挑战。

一、教育资金有限

最主要的就是农村义务教育经费不足，以及与此相关的一系列经济问题。家庭越贫困，越难承担教育所需的直接成本和机会成本,影响女童的入学和学业进步(Chad & Chen, 2011),尤其在15—18岁年龄段的女童中体现得更为明显(Song et al.,2006)。

二、学校教育系统不完善

20世纪90年代,学校教育体系中存在着偏远地区学校布点不足,上学路程远,缺乏安全保障,农村女教师比例小,教师素质不高,教育管理和基础设施落后,课程和教学内容脱离地方实际,以及缺乏性别平等意识,如学校教育过程和教学环境中机会和结果的公平(史静寰,2002)等问题。

三、文化传统存在性别偏见

中国传统文化重视教育,但是总体上妇女的教育成就相对较低。农村和少数民族地区文盲和文化水平低的女性所占比例较高。这主要因为性别不平等的社会规范,对男女两性不同的价值认识和角色期待,家庭更加重视男孩在教育方面的投资,女孩往往被排斥在教育之外(Brown,2006)。此外,早婚习俗、少数民族语言障碍、女子不宜抛头露面的宗教观念、农村重男轻女的性别观念也是造成女童辍学的重要原因(任玉贵,2003)。

四、学习兴趣缺乏

女性学有所成的榜样少,家庭成员的文化水平低,社会支持欠缺,女童学习兴趣随年级增长而下降(杜学元、沈堰奇,2005)。城市化过程中,大龄失学女童缺乏自信,对未来充满迷茫。她们的权益保障与教育发展问题也因此引起了社会的广泛关注。

五、性别结构失衡

义务教育基本普及后,中国教育中的性别问题更多地隐藏在入学率差距缩小的统计事实背后。不平衡的性别结构揭示了渗透在传统思想观念中的性别歧视问题。尽管性别选择性流产和产后溺杀女婴已经被法律禁止,但是2012年中国的出生性别比依然高达1.18[①],很多女童被强行剥夺了

① 根据 UNDP 出版的《世界人权发展报告(2013)》中的相关数据,详情请参见 http://hdr.undp.org/sites/default/files/reports/14/hdr2013_en_complete.pdf。

出生的权利。这种情况的存在,在很长的一段时间内会阻碍社会的和谐发展。中国因此也出台了一系列的法律法规保护女童的出生权和教育发展权,如2002年颁布的《中华人民共和国人口与计划生育法》,以及2003年《关于禁止非医学需要的胎儿性别鉴定和选择性别的人工终止妊娠的规定》。通过这些努力,与2000年相比,2005年的出生性别比升高了0.75个百分点。自2005年以来,17个省出生人口性别比开始呈现止升回落的趋势(新宣,2009)。

六、隐藏在教育系统中的性别歧视

将性别分析视角纳入中国教育系统之中,对教育过程、教育结果和学校领导力等方面进行深入思考非常重要。学业期待、教材内容、专业划分以及学校设施不可避免地复制和延续着性别角色刻板印象(Anderson,1988;Malewezi,1990)。这些会影响儿童的个性发展,也在社会分工以及未来职业抉择中有所反映(史静寰,2002)。高等教育中存在着明显的性别差异,女生偏重于文科,而在科学技术领域女性仅占总数的1/3(Ma,2005)。中国女性接受高等教育的比例

占一半左右[1],就业率高达74%,远远高于世界平均水平53%
(UNDP,2010),但是女性平均收入水平比男性低30%[2]。除
了认知和个性方面存在的性别差异,男性占主导的学科和职
位往往代表着更多的社会权力(刘云杉、王志明,2008)。

七、城乡差距

综合考虑城乡差异,便会发现性别歧视普遍存在于教育
系统之中。2007年,尽管女教师占教师总数的一半左右,但
在一些边远农村地区的女性中小学校长比例仅为8.8%(张
莉莉、郑新蓉与郭歆,2011)。在中国最好的高校中,农村女
生的数量远远低于那些来自大城市和干部家庭女生的数量
(刘云杉、王志明,2008)。高等教育招生中整体呈现出性别
比例均衡的趋势,但是由户籍政策和社会经济差距所造成的
体制性隔离现象普遍存在。因为社会资本的贫乏和人生选

---

[1] 根据教育部2011年收集到的数据,女研究生的比例为47.86%,女大
学生的比例为50.86%。http://www.moe.edu.cn/publicfiles/business/ht-
mlfiles/moe/s6200/201201/129623.html。

[2] 根据中国家庭追踪调查(China Family Panel Studies,CFPS)的相关
研究,http://www.isss.edu.cn/cfps/xinwen/News/2013/187.html。

择的局限,农村女孩接受高等教育的机会仍然受到影响。

八、社会参与有限

女童教育所取得的进展并未能在女性参与经济和政治生活中得到体现,尤其是高级领导职务的性别比例严重失衡。2010 年,中国城市劳动年龄女性就业率由 20 年前的 77.4%下降到了 60.8%,而农村劳动年龄妇女的就业率为 70%[①]。城市女性的就业比例,比城市劳动年龄男性就业率低 20.3 个百分点[②]。女性在平衡家庭和工作上以及参与引导社会转型和发展过程中都面临越来越多的困难。为了促进社会的包容性和持续性发展,国家亟需制定相关公共政策,全面提高妇女的生活质量和社会地位。

因此,女童教育方面存在的问题已经远远超出教育本身,需要以整合的视角,采取系统、创新的解决方案,并通过社会合力解决。

---

① 请参见国家统计局2012年的相关统计数据。

② 请参见国家统计局2012年的相关统计数据。

第三章　政策与措施

20世纪80年代起,中国政府把教育列入国民经济发展重点,保障女童九年义务教育权利。90年代,女童教育被列入普及义务教育的重要议事日程。2001年,在全民教育行动计划中将男女平等列为一项重要目标。2011年,全国实现普及九年义务教育;入学率的性别差异基本消除①。目前乃至未来几年,中国教育会更加关注质量和公平,尤其是保障女童享有接受学前和高中阶段教育的机会。为此,中国政府、民间社会力量和国际组织分别在女童教育方面开展了通过宣传和对话推动政策制定、财政支持教育系统以及针对本土教育管理人员和教师的能力建设等行动,促进教育中的性别平等,实现教育系统中的公平与质量。

---

① 请参见教育部,"中国全民教育行动计划(2001—2015年)"。

一、中国政府的主要措施

义务教育阶段的责任机制已经基本形成,从而确保所有儿童都能接受教育。为有效管理拥有2亿中小学生的世界最大规模的义务教育系统,中央和各级地方政府明确职责,省级政府科学规划、县级政府因地制宜有效实施(王定华,2012),最终大力推动了小学和初中优质教育的发展。义务教育均衡发展情况逐渐成为考核地方政府的重要标准。2001年,小学女童入学情况作为评估教育公平的重要指标也被列入国家督导检查内容。

中国政府颁布一系列法律和政策维护女性在经济、政治参与以及社会生活中的权益,在战略上强调扫除女童入学所面临的种种障碍,重点关注西部地区失学女童,满足社会对公平和优质教育的诉求。

(一)构建和完善法律政策体系,保障妇女权利

1980年,中国政府签署了联合国《消除对妇女一切形式歧视公约》。与此同时,从第四届世界妇女大会上被作为政

府承诺提出,到2005年成为新修订的《妇女权益保障法》的法条,再到2012年首次被写入《中国共产党十八大报告》,男女平等基本国策最终得以确立。

目前,中国已经形成了以《中华人民共和国宪法》为基础,以《妇女权益保障法》为主体,包括《中华人民共和国婚姻法》《中华人民共和国社会保险法》《中华人民共和国物权法》《中华人民共和国就业促进法》《女职工劳动保护特别规定》《中华人民共和国村民委员会组织法》等国家各种法律法规、地方性法规和政府各部门规章在内的一整套保护妇女权益、促进性别平等的法律体系。尤其是针对出生性别比偏高的问题,政府制定了多部法律和法规保障女童的生存权,如《中华人民共和国母婴保健法》《中华人民共和国人口与计划生育法》以及《关于禁止非医学需要的胎儿性别鉴定和选择性别的人工终止妊娠的规定》。此外,在推动女童教育和发展方面,各级政府及其相关部门也出台了一系列行政法规。

(二)制定女童教育指导性文件

中国政府颁布法律、政策,制定发展规划,这其中涉及保障女童义务教育权利,加强贫困地区、民族地区女童教育工作,缩小各级各类教育在入学率上的性别差异等方面。(详见表3.1,表3.2)。

表 3.1 20世纪80—90年代中国女童教育政策措施

年份	目标/措施	法律/政策
1982	保障女童九年义务教育权利	《中华人民共和国宪法》
1986		《中华人民共和国义务教育法》
1991		《中华人民共和国未成年人保护法》
1992		《中华人民共和国妇女权益保障法》
1995		《中华人民共和国教育法》
1992	宣传动员女童入学	《全国民族教育发展与改革指导纲要（试行）》
1996	缩小女童和男童、农村和城市、贫困和发达地区、少数民族聚居地区和其他地区学龄儿童入学率差距	《全国教育事业"九五"计划和2010年发展规划》《国家教委关于进一步加强贫困地区、民族地区女童教育工作的十条意见》

表 3.2 国家教委关于进一步加强贫困地区、民族地区女童教育工作的十条意见

一、各级政府把女童教育列入普及义务教育重要议事日程。在义务教育评估验收时，要坚持有关女童教育的标准，凡未达到标准要求的，各级督导部门不得通过评估验收。

二、坚持依法治教。

三、为女童创造就学条件。

四、加强女教师的培养培训工作。

五、坚持多种形式办学，正规教育与非正规教育相结合。

六、教学内容应适合女童的需要。

七、积极开展女童扫盲教育。

八、广泛动员社会力量参与女童教育。

九、开展女童教育研究工作。

十、充分利用国际援助与合作项目，争取国际组织对发展女童教育的资助。

2011年,基本普及九年义务教育之后,中国政府重点提出关注学前和高中阶段女童平等接受教育,以及在各级各类教育课程标准及教学过程中体现性别平等的原则和理念。(详见表3.3)

表 3.3　近 12 年中国女童教育政策措施

年份	目标	措施	法律
2001 2006	1. 保障女童九年义务教育，缩小男女童受教差距 2. 增强教育者和被教育者的社会性别意识 3. 国家的人才发展战略要体现男女平等原则	1. 将妇女教育的主要目标纳入国家教育发展规划。 2. 把社会性别意识纳入教师培训课程和高等教育相关专业。 3. 重点解决西部贫困地区和少数民族地区女童、残疾女童、流动人口中女童的义务教育问题。	《中国妇女发展纲要（2001—2010 年）》 《中华人民共和国义务教育法（修订）》
2001 2003	保障农村女童、流动女童九年义务教育及保健	1. 中央和地方新增扶贫资金支持贫困乡村发展教育事业。大力提高女童和残疾儿童的义务教育普及水平。 2. 儿童保健覆盖率在城市达到 90% 以上，农村达到 60% 以上，逐步提高女童及流动人口中儿童保健覆盖率。 3. 保证女童和处于特殊困境的儿童获得健康成长和平等发展的机会。	《国务院关于基础教育改革与发展的决定》《国务院关于进一步加强农村教育工作的决定》《中国儿童发展纲要（2001—2010 年）》

续表 3.3

年份	目标	措施	法律
2001	缩小教育入学率的性别差异	1.提高认识,进行宣传与动员。 2.把缩小男女童入学率性别差异列入督导检查内容。 3.支持"春蕾计划"。	"中国全民教育行动计划"
2010	切实解决进城务工人员子女平等接受义务教育问题	1.坚持以流入地政府管理为主,以全日制公办中小学为主,确保进城务工人员随迁子女平等接受义务教育。 2.制定进城务工人员随迁子女义务教育后在当地参加升学考试的办法。	《国家中长期教育改革和发展规划纲要(2010—2020年)》
2011	巩固提高九年义务教育水平,促进女童接受高中阶段前和高中阶段教育	儿童与法律保护:消除对女童的歧视。宣传性别平等观念,增强全社会性别平等意识。建立有利于女孩及其家庭的利益导向机制,提高农村生育女孩家庭的经济社会地位。	《中国儿童发展纲要(2011—2020年)》

① "春蕾计划"是由全国妇联与中国儿童少年基金会共同实施的救助贫困失学女童接受教育的公益项目。

续表 3.3

年份	目标	措施	法律
2011	1.教育工作全面贯彻性别平等原则。 2.女童平等接受学前教育、义务教育和高中教育。 3.性别平等原则和理念在各级各类教育课程标准及教学过程中得到充分体现。	1.在教育法规、政策和规划的制定、修订、执行和评估中,增加性别视角,落实性别平等原则。 2.资助贫困家庭和残疾女童接受普惠性学前教育。 3.确保适龄女童平等接受义务教育。加大对教育法、义务教育法等法律法规的宣传力度,提高家长保障女童接受义务教育的守法意识和自觉性。 4.满足农村和贫困地区女生接受高中阶段教育的需求。对普通高中家庭经济困难女生和残疾女生给予资助。逐步实行中等职业教育免费,保障未升入高中的女童在就业前接受必要的职业教育。	《中国妇女发展纲要(2011—2020年)》

通过确立教育行动目标并颁布相关政策法规和国家规划,中国在政府层面推动了女童教育发展目标的确立。但是,这些规划和纲要还需要切实落到推进女童教育的行动中。尽管小学和初中教育的入学率和完成率的性别差距已经减少,但由于在全国范围内收集到的划分性别、城乡和社会经济背景的数据资料比较有限,女童在各方面的实际发展状况有待准确的评估,这将有助于政府部门及时调整工作并进行科学规划。

(三)健全教育经费保障机制

补偿原则是教育公平的重要原则之一。在教育支出方面,中国政府出台了一系列优惠政策,旨在加强对社会经济处境不利群体的资源配置。为解决贫困这一核心问题,特别是减轻贫困家庭女童入学的经济负担,政府加大公共财政投入,建立健全从学前教育至大学的学生资助政策体系,使因家庭贫困面临失学、辍学的女童得到资助。在义务教育阶段建立中央和地方分项目,按比例分担的义务教育经费保障机制,实施"两免一补"政策(免杂费、书本费,补助寄宿生活费),推广免费义务教育。此外,中国政府为进城务工人员子女平等接受教育提供政策上的支持,并与地方政府分担责任,保障和拓宽打工子弟学校的经费来源。

教育相关部门长期致力于增加教育支出,完善财政转移机制,促使公共教育资源更多地向贫困地区、薄弱学校以及包括贫困、残疾、流动、留守和少数民族儿童在内的弱势群体倾斜。与此同时,政府积极动员私人捐资助学,推动早期教育和职业教育发展,构建学习型社会。

(四)触及贫困和失学女童群体

有效解决最难触及的失学女童的教育问题是普及九年义务教育、实现"两基"攻坚目标[1]的有效途径。1996年,西部地区失学女童人数占全国未入学女童的2/3。[2]为此,2004年中国制定和实施了西部地区发展规划,极大缩小了地区之间的差距。西部地区"两基"攻坚计划,主要项目包括:①建设农村寄宿制学校,解决学生"进得来"的问题。2010年,西部

---

① "两基"是基本实施九年义务教育和基本扫除青壮年文盲的简称。

② 根据1996年相关调查,广西、重庆等11个省区,失学女童55.69万,辍学女童36.09万,占全国不在校女童135.41万的67.78%。详情请参见,http://www.nwccw.gov.cn/html/15/n-137515.html。

农村地区中小学寄宿生分别占中小学在校生总数的60.5%和17.2%。[1][2]建立资助制度,基本解决了农村学生"留得住"的问题。[3]完善多媒体教学设施,解决导致教学信息资源匮乏的技术屏障。[2][4]增加西部农村地区的教育培训,提升教师整体素质。此外,东西部地区对口支援,构建东部、西部大中城市支援西部贫困地区学校的桥梁,促进了贫困地区义务教育的普及和教育质量的提高。

生活贫困与营养不良等问题和疾病息息相关,在一定程度上影响农村地区的教育发展。针对这一情况,国家在西部贫困县,通过向孕妇发放营养片,并为6—24个月的婴幼儿提供营养包,开展早期营养干预,改善了儿童早期健康状况,为早期综合发展奠定了基础。

在国家层面上,很多机构通过开展各种项目,为贫困流动女童提供资金资助和技能培训,大力支持这个弱势群体的教育和发展。例如,"春蕾计划"实施过程中,妇女联合会(简

---

[1] 根据2010年国家教育统计公报相关数据,http://www.moe.gov.cn/publicfiles/business/htmlfiles/moe/s5990/201111/126550.html。

[2] 根据中国教育报相关内容,http://edu.people.com.cn/GB/8216/6576858.html。

称"妇联")系统在全国范围内的宣传和动员方面发挥了重要作用。详细内容请参见后文案例一。

（五）实施少数民族和贫困地区女童教育的弹性措施

公平的文化内涵不尽相同，少数民族地区的关注点和发展需求也各不相同。中国是一个有着56个民族的多民族国家。20世纪90年代以来，针对民族地区和贫困地区女童的特殊需求，国家采取多种创新策略。

地方政府开展非正规教育，编写乡土教材，实行弹性教学计划，举办早、午、晚班，巡回教学班等，为女童提供相关的、灵活的、易于接受的教育。

随着普及义务教育的推进，扫盲后教育项目开始强调在读写算基本技能的基础上，动员当地机构和资源，为成人提供必需的职业技能培训。根据劳动力市场的动态特征，培训内容和方式也做出相应的调整。例如，与联合国开发计划署合作的甘肃项目[1]将生活技能训练与女童扫盲紧密结合。在中国南方少数民族乡村实施的项目聚焦于手工艺品和生态

---

[1] "中国—联合国开发计划署女童教育项目（1996—2002）"的一部分，"关注女童，推动贫困地区九年义务教育发展"。

旅游产业的开发,创建社区和市场之间的协同机制,最终实现脱贫致富。更为重要的是,该项目促进了男女两性的平等参与,妇女的贡献不仅在于增加了家庭收入,也为女童接受更多的教育提供了大力支持。

为满足少数民族女童的现实需求,地方政府投入大量的资金和资源广泛开展双语教学项目。同时加强了增进多元文化理解的主题活动(吴平,2007)。为吸引少数民族女童入学,还进行单独建校或编班,提供灵活的教学安排。少数民族教育研究开始探索教育质量和效率、文化传承以及始终困扰着国家和地方的公平难题(万明纲,2002;Postivelione 等,2004;顾华详,2008)。

(六)改善贫困学校基础设施,优化教育资源配置

从1996年到2005年,国家重点支持贫困县改扩建中小学校舍,添置课桌椅、图书资料、信息技术教育设备,为学生提供安全的、学习资源相对丰富的环境。如,世界银行的相关项目为贫困女生设有专门的奖金帮扶,并为女童教育发展提供专家指导,有利于增强学校对孩子及家长的吸引力。近年来,学校设施的建设标准逐渐升级,以此提高抗震强度。

尽管校园环境建设中的性别敏感性问题尚未引起广泛关注，这些普惠性政策使女童群体广泛受益。

资源初次分配时就应该同时注重公平和效率，而非为了解决均衡问题进行再次分配。在这种意义上，提高农村地区早期教育的分配比例是增进公平的有效途径。这不仅有利于将学校教育普及到农村女童群体，也可以改善女童的健康、营养、学前准备以及教育结果，为优化儿童潜能的发展奠定基础。儿童早期保育和教育缺乏以及推迟入学往往会阻碍儿童接受优质教育，因此，针对最贫困和处境最不利群体儿童的措施将为儿童和社会的未来发展带来更大的益处。

建立公立和私立机构的合作，同时确保父母和社区积极参与并合理分配资源，很大程度上可以促进学前教育的发展。因此，大多数贫困地区灵活举办一年制、半年制或短期学前班。更深入的干预措施将关注为农村儿童提供1—3岁儿童早期教育项目。同时，筹集资金，整合公共卫生、教育和社区资源，在已有社区幼儿机构和妇女儿童保健机构的基础上，建立0—3岁儿童早期保育和教育服务系统。2012年，教育部专门出台了《3—6岁儿童早期学习与发展指南》，旨在建立早期监控和质量保障体系。指南强调培养儿童的态度、情感、能力和学习质量,实现全面教育和发展。目前,这一本土化标准正被广泛地应用到教师培训和父母教育之中。

由于城镇化带来的人口流动以及计划生育人口政策,全国特别是农村小学生人数减少。另一方面,基于农民家长对优质教育的追求以及政府管理的因素,农村学校被集中到县城、乡镇,以便改善办学条件,扩大学校规模,提高教育质量。然而,学校撤并的幅度实际远远超过学生减少的幅度。边疆地区包括吉林、内蒙古、黑龙江这些教学点撤并数超过80%[①]。优化教育配置的初衷带来农村家庭教育成本的增加,农村儿童因不能就近上学而举家迁移,寄宿在校或在县城租房,县城需要吸纳富余劳动力,乡村却因人口流动而衰落(褚卫中、张玉慧,2012)。2012年教育部发文明令停止农村大规模地撤点并校,由此带来的改善学校寄宿条件,采取特殊措施建设好小规模学校引起教育部门和民间机构的关注。这也表明,政府在进行资源分配规划时,需要综合考虑包括资金筹措和管理中的放权问题,机构的运作能力问题等

---

① 参见杨东平在2013年首届乡村文明论坛上所做报告:"后撤点并校"时代的农村教育,http://www.sn221.com/article.php?act=detail&id=15771。

复杂因素之间的交互作用,进而提高行动的有效性。

（七）加强教师队伍建设,调整教师性别结构

为补充和稳定教师队伍并提高教师质量,国家采取多种措施解决义务教育教师总量不足、教师素质低、性别和结构不合理的问题。针对提升西部农村教师的主要措施有:①创新农村教师补充机制,例如,农村义务教育学校教师特设岗位计划[①];免费师范生教育;大学生志愿服务西部计划[②];城镇教师到农村任教服务和定期交流制度[③]。②提高教师地位待遇,例如,设立"奖教金",对在贫困乡村长期任教且表现突出的教师给予奖励;某些省份提高特岗女教师的工资水平。③建立教师支持体系,提高学校和当地教育部门的管理水平,鼓励教师参与学校发展,通过建立"全国教师教育网络联

[①] 国家公开招聘高校毕业生到西部地区"两基"攻坚县以下农村学校任教,完善代偿机制。

[②] 国家公开招募普通高等学校应届毕业生,到西部贫困县的乡镇一级从事为期1—3年的教育、卫生、农技、扶贫等方面的志愿服务工作。

[③] http://www.moe.gov.cn/publicfiles/business/htmlfiles/moe/moe_914/201001/xxgk_81660.html。

盟"支持教师的专业发展和协作。④完善教师培训制度,发展教师知识技能。例如,加大培养少数民族"双语"教师;加强民族、贫困地区中小学教师校本研修、信息技术等综合素质培训;开展骨干教师脱产研修、集中培训和大规模教师远程培训相结合的中小学教师国家级培训。

框注3.1

关注性别的教师政策

关注性别的教师政策对女童的入学率和完成率有积极作用。在过去的20年里,大多数国家的小学女教师都呈增长趋势。20世纪30年代中国女性基本不识字,女教师是教育最大的需求。近年来,中国女教师比例整体高于男教师。2010年中、小学教师女性比例分别为49.48%和57.95%[1],但与国际发展状况一样,贫困地区女教师少。农村女教师比例仍不足

[1] http://www.moe.gov.cn/publicfiles/business/htmlfiles/moe/s6200/201201/129612.html。

45%（2009年）[1]。西部女教师比例低于中、东部，民族、贫困地区女教师缺乏。学前教育阶段女教师比例则高达97.96%[2]。

为增加少数民族、贫困地区女教师，中国在少数民族地区的中等师范学校、教师进修院校开设女子班，培养女校长、女教师。高等教育实行定向招生、定向分配，扩大优秀民办教师[3]到师范院校进修深造的比例，提高女教师的复式教学[4]和双语教学的能

---

[1] http://www.moe.gov.cn/publicfiles/business/htmlfiles/moe/moe_914/201001/xxgk_81660.html。

[2] http://www.moe.gov.cn/publicfiles/business/htmlfiles/moe/s6200/201201/129612.html。

[3]中国中小学中不列入国家教员编制的教学人员。为农村普及小学教育补充师资不足的主要形式。除极少数在农村初中任教外，绝大部分集中在农村小学。

[4] 复式教学是把两个或两个以上年级的学生编成一班，由一位教师用不同的教材，在同一节课里对不同年级的学生进行教学的组织形式。这种教学形式主要在人口居住分散、交通不便的山区、牧区和农村地区广泛使用。

力。在一些得到了国际机构支持的培训活动中,山区女教师的参与比例是硬性要求,甚至还有专门针对山区女教师开办的教育信息技术培训,如在香港周凯旋基金会支持下,教育部电化教育办公室、中央广播电视大学联合实施的"明天女教师培训计划"[①]。

为增加学前教育阶段的男教师,一些省、市开展了免费幼儿园男教师培养计划,扩大男教师培养规模,解决男幼师紧缺的问题。通过完善教师职前准备体系,有助于建立男幼师补充机制,改善当前幼师队伍性别失衡现象,为早期教育发展提供良好的环境,最终促进儿童的健康成长。

---

① "明天女教师培训计划"是教育部为配合西部大开发战略、加快西部地区教育发展而设立的第一个远程教育扶贫项目。该计划对西部乡镇中心小学女教师进行培训,使她们在短时间内掌握计算机、互联网基础知识,学会接收数字广播节目。

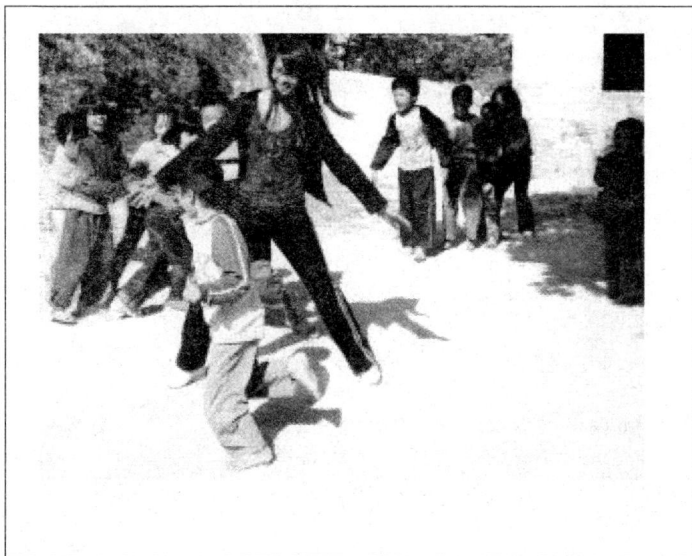

　　女教师可以为女童树立积极的学习榜样,而且在促进女童身体和心理健康发展方面发挥着重要作用。中国农村女教师的数量不断增加,但是她们的工作条件和生活问题并未能引起特殊关注。例如,农村地区的特岗女教师多因生活条件艰苦以及婚姻难题而离职(郑新蓉、魏曼华与杜亮,2012)。因此,国家需要建立教师支持体系,保证农村地区的优质师资。同时,深化教师教育改革,促进教师专业化发展,优化师资结构,保留有效师资,提高教学质量。

（八）加强科技领域女性人才的培养

为促进女性在科技、管理等领域的平等参与、发展和贡献，中国科学技术部和全国妇联积极推动政策措施的制定。全国妇联于2009年实施了"女性高层次人才成长状况研究与政策推动项目"，探索女性高层次管理和科技人才的成长规律。科学技术部2011年出台了《关于加强女性科技人才队伍建设的意见》，关注从中小学阶段开始培养女生对科学的兴趣，提高女生对科学活动的参与度，通过女性科学家的榜样作用等措施引导和培养女生选择科学研究作为职业的愿望[1]。此外，该意见还制定了扩大女性在科学领域的就业机会，支持孕哺期女性科研人员的科研活动等措施。例如，申请国家自然科学基金同等条件下女性优先，放宽对女性的年龄限制，可以延长生育期间在研项目的结题时间。

在新措施的支持下，2011年国家自然科学基金委青年科学基金项目资助的女性比2010年提高了10%，"中国青年科技奖"女性获奖者比2010年提高了18%[2]。尽管改变

---

[1] http://news.xinhuanet.com/politics/2011-10/12/c_122150066.htm。

[2] http://www.gov.cn/jrzg/2012-03/06/content_2084450.htm。

社会规范和权力关系并从根本上提高女性地位任重道远，但这些措施为女性在科技领域发挥更大的潜能提供了必要的条件。

（九）鼓励父母参与，改善家庭环境

我国法律规定父母有义务让每一位学龄女童按时入学并认真完成学业。父母的意识、教养方式、家庭环境以及家庭的社会经济地位是影响女童发展的最直接因素。在女童受教育方面，重在改变"重男轻女"的传统观念，宣传倡导女孩也是家庭的继承人，这有利于转变公众话语，挑战现有社会规范，并改变家长的教育观念。

成人培训项目以结果为导向，因地制宜，弥补传统农业技术的不足，利用现代化手段普及农牧业科学知识和技术，帮助家庭增加收入。农业大学等一些高等教育机构广泛动员专家和大学生走进农村，向农民传递先进的农业知识和技术，激发地方经济和企业的活力。

通过教育帮助家庭获益，改善生活质量，强化了农村家庭的教育需求，尤其是改变了母亲的教育观念。他们也通过识字项目和其他非正式教育，获得了必需的法律知识和生活技能,不仅提高了各种能力,也使其进一步认识到女童教育的重要意义。

鼓励父母积极参与女童的教育过程和学习结果非常关键。因此,除了通过校园开放日来鼓励父母参与女童的学习,学校还开展了一些诸如编写家长教材、举办母亲学校等家长教育活动,得到了家庭和社区的大力支持,尤其有利于打破文盲和贫困的代际传递。

通过实施基于社区的性别意识相关项目,关注性别刻板印象的改变,可以实现父母的有效参与。特别是要吸引男性的积极参与,共同改善,才会产生长期而广泛的影响力。

(十)开展研究合作,加强基于证据的改革

女童教育研究在过去的20年里,由自上而下委托课题向横向合作转变,逐渐形成了"学者+政府+媒体+国内外非政府组织和基金会"共同促进的研究模式(王舟,2011)。通过实施国家规划项目,研究农村女童教育,在民间机构和基金会的支持下开展西部贫困少数民族女童项目,联合不同利益相关方,形成以结果为导向的合作。

在目标上,起初强调"均等性"和"有效性",探讨促进女童入学、提高社会地位和生活质量的解决方案,之后转向性别平等的具体问题和社会热点问题,逐渐"具体化"和"多样化"。例如,开展教材中性别刻板印象研究(史静寰,2001),女校和女童班试验研究(王振岭,2001;覃俊、杜圣明,2005)。

为解决大龄女童、农村留守女童以及流动女童群体的困境,技能培训与赋权、就学与就业、性侵犯与性教育、心理健康、劳务分担等成为新的研究问题(刘文利,2008;陈亚亚,2011)。研究为确定问题提供了证据,其中涉及政治、经济、生理、教育和个人等方面因素。研究成果引起家庭、学校、社区和媒体的广泛关注,寻求为女童教育和发展建立支持体系,并制定与此相关的社会政策。

尽管在女童教育方面进行了各种努力,目前仍然缺乏能用于政策制定的相关研究和数据。越来越多的数据需要按照性别、年龄、地区、省份、家庭收入和城乡等维度进行分类。此外,国家亟需对适合目标地区的数据收集方式予以充分重视,包括"口口相传"的信息分享方式,以及为社区成员提供友好、宽松的讨论环境和空间。

框注 3.2

国家"八五"课题"农村女童教育现状、问题及对策研究"

"农村女童教育现状、问题及对策研究（1992—1995年）"旨在探索解决民族贫困地区女童就学难的问题。该项目选择了中国西部宁夏、甘肃、青海、贵州四省区最贫困的少数民族聚居地区乡以下的农村小学，以"整体优化女童教育环境"为目标，在农村学前教育、非正规初等教育、农村及农牧区寄宿制小学管理、农村学校教育与社区"双向参与"、女童教育口述史等方面开展专题研究。三年试验使得女童入学率、巩固率大幅提高，自主意识和自信心得到增强，自我发展能力得到提升。通过加强学校管理、教育内容与课程改革、校长与教师培训、树立示范学校等一系列活动，使女童教育质量得到改善。通过舆论宣传、学校开放日、家长学校的开展，学校与社区的联系日益紧密，社区群众更多地支持女童教育。课题成果被地方政府迅速转化为行政决策，得到辐射和推广。

　　为巩固、推广该课题的研究成果,1996年,"提高西部贫困地区少数民族女童教育质量和效益"作为该项目在"九五"期间的延续和深化,被纳入"九五"重点课题。该课题选择包括云南和新疆等六省区在内的贫困地区,通过行动研究探索与西部少数民族女童教育的质量与效益有关的革新实践和理论依据。通过对4 500名各族小学生以语文、数学、生活技能为主要内容的学习水平测试,少数民族女童心理与智力发展水平及其特质研究,以及家长和教师等学习环境因素的考察,结合本地特点,完成专题调查、个案研究和实验研究,如"以学习者为中心的课程开发策略"、"女童生活技能教材开发"等。通过十年行动研究,深刻揭示了女童的学习需求,为实施积极的教育干预提供了科学可靠的依据。在复式教学、双语教学、女童生活技能教材开发等方面的科研成果,推动了教学实践改革,增强了课程的适切性,提高了女童教育的质量和效益。

来源:参见张铁道等. 中国西部少数民族女童教育质量与效益研究[M]. 甘肃文化出版社,2003. http://book.ln.ch aoxing.com/eboo k/detail.jhtml?id=1264 8114&page=269。

女童教育是一个改善教育整体环境的系统工程,涉及学前、小学、中学、扫盲各级教育,需要学校、家庭、社会以及国际组织的通力合作。国家将政策制定、资金保障、行政支持、调查评估与国际合作有机结合,是为女童教育创设良好环境的必要途径。只有通过根本性的变革,才能完善现有教育体制,为每一个女童提供实现"教育改变人生"梦想的机会,构建包容、可持续的学习型社会。

二、民间组织的主要活动

与政府所实施的方针政策和宏观层面的改革措施相比,国际机构与中国社会组织、研究机构相结合,推动教育创新,并将教育深入到最贫穷、最不利的群体中。一方面,国际机构在资金援助、能力建设、技术支持、咨询服务方面发挥了重要作用。另一方面,民间机构是"社会性别"理论最有力的推动者,它挑战现有不平等的性别制度。在当地相关部门的支持下,人们的性别意识开始有所觉醒。此外,性别敏感意识培训的开展,提升了实践工作者和领导者的性别意识,改变了女性参与决策的意识和自我发展的能力,影响当地组织机构固有的性别结构。

近10多年来,中国的发展项目逐渐从推动教育中的性别平等,到通过教育全面赋权妇女和儿童;从倡导达喀尔会议提出的入学权利,到探索小学教育阶段后大龄女童的升学和就业问题。针对地区需求和薄弱环节,民间组织的活动对大龄失学女童、学校女性领导力和农村社区妇女参与教育和社会发展给予更多的关注。社会组织在将国家和国际策略转化为行之有效的项目,以及推动国内机构在理念和实践上的创新方面发挥着积极作用。这些都表明本土力量已经承担起通过形成本土化方法推进社会变革的角色,社会性别本土化路径也已开始影响中国女童的教育和发展。

(一)资助女童

在未实施免费义务教育之前,贫困是阻碍女童入学的重要因素。民间组织采取资助贫困女童的学杂费,设置女童奖(助)学金等措施帮助女童入学;在中国全面减免义务教育阶段学杂费后,一些项目以生活补助、寄宿补贴、资助高中生和大学生完成学业等形式开展助学计划。

"红凤工程"[①]创设于1996年,专门资助贫困女大学生,

---

① "红凤工程"详细内容,请参见 http://www.hongfeng.org.cn/。

并为她们提供性别意识培训，提升其自信心和社会责任感。启动资金来自陕西省千余名妇女为迎接1995年北京"联合国第四次世界妇女大会"而绣制的"红凤千花帐"的拍卖款。为满足农村贫困女童的迫切需求，"红凤工程"通过媒体宣传，动员企业捐资，并得到地方妇联的资金和资源上的大力支持。此外，在社会力量资助下的基金会和相关项目还有很多，例如"春蕾计划"和"宋庆龄基金会女童助学计划"，这些组织和项目为贫困女童的教育和自我发展做出了很大贡献。

（二）教育系统内部的改革和能力建设

过去的十年间，民间组织通过开展各种活动，改革学校管理方式、决策机制以及监督模式。受注重学校效率和教育质量改进等国际先进理念的影响，中国也开始强化学校与社区联系，倡导师生民主参与，加强教育系统支持体系建设，提高学校自我发展能力。通过提升女性领导力、开展能力建设以及构建具有社会性别意识的学校环境和教育过程，提高了学校的效率。改进课程内容和教学方法也是当地学校建设和发展过程中的重点,尤其要关注大龄女童的发展性需求。目前,大部分创新举措都是基于某些学校、社区和具体试点项目,还需要能够长期有效地推进。此外,改革也试图建立女童支持体系,培养其担任未来领导角色的理想和能力,并在男性占主导地位的专业领域有所作为。

1. 学校女性领导力

女校长不仅发挥着重要的角色模范作用,而且往往更加关注女童的身体和心理发展,尤其是为大龄女童提供更多的指导和帮助,促进她们的健康成长和发展。因此,针对少数民族学校女校长缺失问题,一些民间组织开展了女性领导力建设培训,选拔和培养骨干女教师进入学校领导岗位,促进了当地教育制度创新,社会观念及女性发展环境的改变,例如"中英西南项目"(2005—2010)。该项目的实施在少数民族地区发挥一定了影响力。关于女性教育领导力方面的优秀案例,请参见案例二"中英西南基础教育项目"中的详细说明和分析部分。

然而,尽管这些项目在提供女性领导力培训方面进展显著,但是 2012 年多国比较研究表明,在所调查的 18 个国家中,中国中小学女性管理者与女教师的比例最低(26%)(UNESCO,2012a)。因此,尽管民间组织在当地社区取得了很多积极成果,但是整体上来看,中国女性教育管理者的声音十分弱小,严重阻碍了女性参与引领教育和学校体系变革的作用。

2. 学校建设

提高教育质量与女童入学同等重要。学校建设项目重点关注在基础设施建设、学校环境、教材、教学过程中都引入性别平等视角。由联合国儿童基金会支持的儿童友好学校项目是此方面的优秀案例之一。关于"爱生学校"项目,详见案例三。此外,陕西省正在开展着的"无忧校园"项目①也属于比较成功的案例。该项目致力于综合改善寄宿学校儿童的生活和学习环境,通过开展教育戏剧、运动与游戏等形式的活动,减少校园暴力,提高儿童的社会情感和交流技能,创

---

① "无忧校园"项目,请参见 http://plan-international.org/learnwithout-fear/learn-without-fear。

建儿童友好学习环境的支持体系。

为保证教育质量,中国始终倡导应该由教育业内者来管理学校和教育。新教育实验强调学校应该以人为本,关注每一位学生、教师、家长和校长的特殊需求,推动当地乃至整个社会的发展。因此,民间组织广泛开展了书香学校建设、公民教育、儿童的早期阅读能力培养、优秀课程开发、教师发展社区建设、学生思维能力培养、平等参与和多样化发展以及知识和实践的统一等活动。

这些项目普遍着眼于学校建设过程中的儿童友好,强调确保平等地对待男生和女生,尤其关注女生的特殊需求。为促进女童的健康成长和发展,学校邀请女性成功榜样开展讲座,并为女童创造条件进行职业规划,从而使得每名学生都有机会享有安全、安心和支持性的学习环境。此外,学校建设也深受当地社区发展的影响,反之亦然。

3. 动员社区妇女及女童参与

参与式方法和理念强调师生平等、大胆表达、协作参与以及深入体验,民间组织广为采用此方法推动女性群体参与学校发展。该方法对于中国以教师主导的教育模式和女性传统的被动、消极的行为方式带来很大冲击，对于唤醒性别意识、推动女性参与学校和社区发展发挥了特殊的作用。例如，在"中英甘肃基础教育项目"[①]中，确定共5—7名学校发展计划管理委员会成员中必须有2—3名女性；召开社区大会，听取妇女及女童对学校发展的意见；鼓励文盲母亲参与学校发展活动，了解教育对女孩发展的好处。这为妇女和女童参与社区决策、促进学校发展提供了机会。

为满足处境不利群体的教育基本需求，许多教育公益组织扎根于农村地区，致力于医疗保健、村民文化以及村校合作方面的社区服务，推动社区的全面发展。其中，村校合作主要是指学校和村子在营养品、清洁水、学校设施、家长的校园活动、学习和活动教材、经典诵读、环境教育以及为代课教师和贫困学生提供补贴等方面互通有无、互帮互助。在整个发展过程中，农村女童和妇女群体须予以特殊关注。通过加强与当地政府、学校、教师、家庭以及公益组织之间的联系，这些项目着眼于那些未能纳入政府部门的工作日程却深藏

---

① "中英甘肃基础教育项目"，请参见 http://camb-ed.com.cn/。

于当地文化之中的教育发展难题。

4. 课程内容和教学方法的革新

学习过程中(课程、教材等)存在的性别问题已成为女童接受优质教育中的重要问题之一。这些革新关注在国家课程建设中加以修订,开发本土化、具有性别意识并以"学习者中心"的教材。教学过程中也隐藏着社会性别话语,如职业角色刻板印象、家庭角色以及课本和教学方法里所存在的其他性别刻板印象。近年来,越来越多的高校和高中开设了诸如"社会性别教育"和"社会性别研究"的新课程。增强学生的动机和提高课堂教学的有效性已经成为促进女童教育发展的途径。鼓励女童积极参与学校生活,支持所有学生获得平等的学习成果。

(三)性与生殖健康教育与服务

在中国,确保为青少年和儿童群体提供性与生殖健康教育是一个重要的历史节点,可以帮助他们深入理解性与生殖健康是获得教育并保证教育质量的决定性因素。中国青少年性教育已经纳入国家普通教育的教育内容,并以法律的形式固定下来。随着经济社会的迅速发展以及信息化进程的加快,传统性观念和性行为已经在发生改变。青少年群体中出现的新问题说明,为性活跃期群体提供性与生殖健康教育和服务成为当务之急。

针对青少年的性教育,国家在政策倡导、课程设计开发、教师培训、出版相关书籍和刊物、实施全国青少年人格工程、制作科普片与宣传品以及运用广播、电视、网站、电话咨询、信息小册子、教育巡展①等进行性健康教育咨询和引导等方面广泛开展活动。

基于联合国教科文组织2009年发布的《国际性教育技术指南》以及中国教育部2008年颁布的《中小学健康教育指导纲要》,在联合国教科文北京办事处、福特基金会以及北京师范大学的大力支持下,民间组织设计和开发了一系列性教育方面的教材,并进行了试点试验。教材内容包含性知识、预防艾滋病与性病和禁毒、社会性别与权利、家庭和朋友以及生活技能等。目标群体主要是小学生和大学生,尤其是流

---

① 如"青苹果"项目,http://www.greenapple.cc/up/home.php。

动未婚青年群体。针对农村12—18岁大龄女童进行了正确的青春期生理卫生知识教育,宣传预防艾滋病知识,帮助山村少女养成良好的卫生习惯(王彤、晨映,2012)。

同伴教育、"亲青服务"项目以及包括"青苹果"在内的网络咨询平台广为流行,赋权青少年,有力地促进了青少年的积极参与。通过帮助社区认识到青少年和儿童性与生殖健康教育对社区发展的影响,这些活动得以更好地推广。目前,性教育的研究正在从论述转入干预,校内校外相结合,共同为青少年群体提供教育和服务(刘文利,2008)。

(四)关注早期教育、营养和健康

发展中国家的研究将儿童早期发展方案与小学入学率和提高教育成效挂钩,并影响到未来的就业机会。虽然所有儿童都可能从学前教育中受益,但与男童相比,学前教育的开展更有利于女童做好入学准备(*Save the Children*,2003)。同时,幼儿园教育也是大多数儿童开始接受社会建构的性别角色和行为方式的第一个教育阶段。

2010年,中国儿童早期保育与教育发展迅速,一半的儿童都已经接受相关教育和服务。然而,城乡之间,尤其是处境不利群体,儿童早期保育与教育获得方面仍然存在很大的差距。由于幼儿园未被纳入九年义务教育范畴之内,和大多数城市家庭可以支付高昂学费不同,很多农村家庭并不具备这个能力。国际组织与民间组织积极倡导为农村贫困和流动儿童开展高质量的儿童早期保育与教育项目。例如,青海省的"走教"[①]活动有效缓解了贫困山区师资严重短缺的问题,教师同时在几所学校任教,也方便了很多儿童就近入学。

针对分散在城市中的流动儿童群体,通过培训大学生以及妈妈志愿者,北京"四环游戏小组"在 10 年的坚持和探索中取得了有效的成果。由于这些孩子身体普遍很健康,只是社会参与和语言能力整体比较弱,项目为儿童专门设计了一些注重社会交往、早期阅读以及亲子教育方面的游戏,并倡导家长参与教育和管理(张燕,2005)。

随着教育部门大力号召私营机构参与儿童早期保育与教育,并将构建有质量的儿童早期保育与教育纳入国家发展规划之中,越来越多的教育社会组织和民间的基金会开始探

---

① 详情参见《中国教育报》,http://jijiao.jyb.cn/jysw/201305/t20130502_536246.html。

索低成本、高效益、本土化的路径和方法,推进农村地区幼儿园建设,开发本土化教材,开展农村社区学前教育和幼儿教师培训。通过加大公众对儿童早期保育与教育公平和质量的关注力度,越来越多的农村和处境不利儿童群体,包括女童和男童,获得了更多的入学机会,从而为接受正规教育和未来发展做好了充分准备。

饥饿、营养不良、疾病等都影响儿童入学和学习质量,尤其是在性别观念的影响下,这些因素更不利于女童接受教育。中国西部农村地区经济发展落后,由于恶劣的地理环境,部分地区干旱少雨,妇女与儿童面临严重的营养和健康问题。调查数据表明,25%—40%的农村小学生营养不良[1],而且普遍缺乏清洁水[2](张莉莉等,2011)。一些诸如为家庭提供定量的粮食供给、学校供餐、为家庭修建水井提供安全饮用水等措施,不仅有效地改善了母亲和儿童的营养和健康

---

[1] 根据农村发展行动项目(REAP)所做调查显示,很大比例的农村在学儿童存在着根本性的健康问题,. http://reap.stanford.edu/docs/650/。

[2] 因为自然和地理环境的恶劣,中国西部很多地区面临水资源缺乏的难题,这也是由中国妇女发展基金实施的"爱之源,母亲水窖"项目中最重要的背景。

水平,减轻了家庭的劳动和经济负担,从而提高了女童的入学率、保留率和小学完成率;而且提高了家庭的生活水平,增加了母亲在营养和健康护理方面的知识和技能。

(五)开展多种形式的技能培训和非正规教育

农村女童和弱势群体往往被正规教育系统边缘化。在过去的 10 年间,能力建设和慈善项目的开展,为中等和高等教育阶段的学生提供了职业技术培训和奖学金。许多项目也赋予农村大龄失学女童更多权利,更加关注她们的生理和心理需求。通过对该群体如何理解赋权以及如何认识自己等问题的探索,培训项目在帮助她们塑造自尊心的同时也激发其改变生活的动力。年轻女性往往有着和男性不同的生理需求,项目也因此强调那些被忽略的女性权利。例如,因为女童往往没有机会发出自己的声音,"中英大龄女童"项目专门邀请当地政府官员、新闻媒体、女童家长和社会人士参加女童论坛,让西部失、辍学贫困女童表达自身的利益和诉求。(详见案例三)。

在中国南部省市也开展了失学大龄女童技能培训,唤醒女童的权利意识,激发女童改善生活状况的动力。其中,至为关键的是,要确保技能培训能够促进技术在女童之间进行传递,并适应改善生活条件,促进社区发展的现实需要。

不同形式的非正规学习项目在中国蓬勃发展。阅读被认为是促进未来发展的最基本的学习能力,以及传承文化的重要方式。因此,很多项目倡导用阅读激发儿童的学习热情。通过各种渠道为贫困学校和社区中心捐赠书籍,成立图书馆或图书角,一些偏远地区创建移动书屋分享资源。培训方法强调讨论、演练以及与艺术活动的结合,激发儿童的兴趣,培养理解能力和创新思维能力,使得教育促进每个孩子天性发展的功能得以发挥,从而弥补应试教育的不足。

(六)反对暴力与性别平等

中国当前主要有性骚扰、拐卖和针对女童的暴力三大侵害女童权益问题(韩嘉玲、张妍,2007)。为加强针对女童的保护问题,民间组织、全国妇联、各省妇联、公安部、国际劳工组织与联合国儿童基金会等组织与机构相互配合,共同预防和打击拐卖妇女儿童的犯罪行为。2004年,中国法学会反对家庭暴力网络出版了《家庭暴力报道专业准则》,并倡导完善的立法和司法保护,开展各种形式的培训活动,如针对媒体领导层在女童发展、拐卖妇女儿童以及性别暴力等内容的培训。2012年以来,来自不同城市的一些妇女权利组织共同发起万人签名行动,加速了反家暴的立法议程。

针对不同形式的性别暴力,倡导从早期家庭教育到学校和社会三个层次进行预防是应对校园暴力的有效机制(孙胜存、韩立新与周书霞,2007)。近来,干预活动将学校及青少年教育作为主要目标群体。培训项目关注减少中小学和大学校园性别暴力的预防措施。此外,为消除大学生群体中的"约会暴力"[1],包括北京师范大学、中国人民大学、首都师范大学等在内的首都几所高校学生社团发起成立了"反对性别

---

[1] "约会暴力"是指在交往过程中,一方对另一方施加的一系列虐待行为。暴力不一定是指肢体上的暴力行为,它也可以通过语言、情感、性或财政上的方式表现。约会暴力可能发生在任何人身上,无论种族、文化、年龄及宗教背景。约会暴力也可发生在同性或异性的交往关系中。请参见 http://www.baike.com/wiki/%E7%BA%A6%E4%BC%9A%E6%9A%B4%E5%8A%9B。

暴力联盟"[1],引起了社会的广泛关注。实际上,很多性别暴力都是基于对家庭中的两性价值和角色分工的认识,家庭因素也因此得以重视。然而,有关基于性别的暴力的范畴仍然有待进一步限定。

(七)媒体监测和媒体倡导

女童是被媒体极度忽视的群体,从社会性别和人权视角对该群体进行报道的文章更是少之又少。针对女童接受有质量的教育的媒体倡导非常关键,可以扩大信息交流和共享,使得媒体成为推动性别平等和女童教育发展的有效的工具,而非复制和传播带有歧视性的社会规范的管道。

民间组织积极运用网络、电视、电影、报刊、视频游戏等媒体推动社会性别主流化和社会性别平等。随着信息与通信技术的迅速发展,包括微博和微信在内的社交工具在促进性别平等方面发挥着越来越重要的作用。因此,媒体监测和媒体倡导成为改变媒体结构和成果的有效手段之一。1996

---

① 请参见 http://www.chinadevelopmentbrief.org.cn/newsview.php?id=1373。

年,中国成立了妇女传媒监测网络,在传媒领域发挥了引领和监管作用。监测结果已经写入"北京＋10"亚太地区妇女非政府组织影子报告。2005年,性别领域专家和记者共同开发了《女童报道伦理指南》,详细描述了报道女童问题的原则(卜卫,2006)。同时,民间组织通过出版、培训和研讨会等活动倡导女童权益,促进个人、社区和社会的积极改变。信息和通信技术的迅猛发展,为媒体发挥其监测和倡导作用、改变社会性别规范、转变社会观念和社会关系,构建包容的社会带来了机遇和挑战。

此外,民间组织还开展了其他一些有影响力的关注女童教育的相关项目,有效地改善女童的发展条件。例如,河南登封周山村妇女组织开展修订村规民约活动,改变男女有别的资源配置规则,保障女村民和男村民享有平等的村民资格,平等参与农村经济、社会事务的权利,平等分配集体资源及利益的权利,倡导"男到女家落户"和女儿养老等新风俗,改变农村重男轻女的传统观念及对女孩教育回报的认识。同时,教育公益组织始终致力于支持最不利群体的发展。尽管在项目设计和实施过程中还缺乏社会性别视角,但这些组织在提供奖助学金和教学指导、关心流动和留守儿童、改善教育条件和配置、推进职业教育和教师成长培训、加强研究和倡导方面发挥了重要作用。

反思中国解决女童教育问题的路径,关键在于获得国家的重视和支持,同时也要依靠社会组织和国际组织的力量,在各个层面共同发挥作用。中国政府将女童教育作为义务教育中的重点和难点,强调将女童教育融入地方经济和社会发展中,整体规划,综合改革,针对性地改善女童教育问题。同时,国际组织与社会组织强调理念创新,通过试点建设,改变关键环节,建立长效机制,带动整个教育体系的变化。通过加强政府、民间组织和政府间组织之间的合作,并重视正规教育与非正规教育相互结合,中国在女童权利和教育方面取得了进步。女童的需求不仅表现在入学方面,还包括学习过程和一生的发展上。在家庭、学校、社区、企业、高校志愿者以及其他利益相关者的大力支持下,人们期待通过教育促进每个儿童的才能和潜力得以发挥。

三、优秀案例

信息分享在农村大龄女童有效赋权方面发挥着关键性作用,对于实现既定的目标和效果具有重要意义。对优秀的实践案例进行深入剖析可以为分享信息和经验、比较过程和影响因素提供平台,有助于勾勒出未来需要努力的方向。以下是关于中国农村女童赋权的几个优秀案例。

(一)案例一:春雷女童计划

1. 项目背景

由于自然条件的限制、文化发展的不平衡以及潜藏着性别不平等的社会规范,中国很多地区仍有一定数量的儿童因为种种原因辍学,其中,女童占到失学儿童总数的60%以上。女童的整体素质影响着未来全民族的素质。让所有儿童接受教育,尤其是女童和处境不利群体,对国家的发展进步具有持续性作用。

"春蕾计划"始于1989年,由中国儿童少年基金会发起,中国儿童少年基金会与全国妇联共同管理与实施。该计划旨在帮助贫困地区的失学女童重返校园,有利于实现和巩固九年义务教育成果,减少成人文盲。"春蕾计划"以不同时期中国教育发展目标和现实需求为导向制定发展战略,成为政府教育力量的有益补充。

20世纪90年代,"春蕾计划"将义务教育阶段女童作为主要资助对象,主要开展结对救助、技能培训、办女童班和建学校的活动。随着义务教育的普及,农村地区和城市贫困家庭的儿童不需要再缴纳义务教育阶段的学费。2006年以来,"春蕾计划"扩大资助范围,从义务教育阶段贫困女童学杂费和生活费的资助,逐渐开始加大对大龄女童、留守与流动儿童、城市贫困家庭儿童的教育关注,保障这部分弱势群体的教育权利。

2. 项目实施

贫困地区失学女童是"春蕾计划"的资助人群。在遴选资助对象时,家庭贫困是首要标准,家庭符合计划生育政策、女童学习成绩及个人品德也是重要的考虑条件。利用海内外筹集到的资金,很多地区建立了春蕾学校、春蕾女童班,开展了不同内容和形式的春蕾实用技术培训活动,主要培训农业技术(如种植水稻、玉米、茶叶、水果和应季蔬菜等)、畜牧养殖和渔业技术、家电维修、家政服务以及手工制作等内容。

2009年,根据中国教育发展出现的新问题与新需求,"春蕾计划"对活动进行了调整,推出了四个行动:助学行动;成才行动;就业行动;关爱留守儿童特别行动。这些行动计划有助于解决贫困地区女童和留守儿童所面临的教育和生活难题。

"春蕾计划"所采取的策略如下:

(1)建立清晰的资助标准和便捷的捐赠程序,制定并向社会公布清晰的资助标准,如"捐助1 200元,资助一名小学生高小三年生活补助"。在捐赠方式上,可以通过银行汇款、邮局、网上在线捐赠的方式,程序便捷。

(2)大量使用一对一模式,建立反馈制度,通过结对救助,策划活动实现资助者和受助女童直接见面,建立受助女童每学期末向捐助者写信汇报学习情况的反馈制度,让捐助者与受助女童拥有更密切的联系,为受助女童带来更多的资助机会。

(3)为受助女童提供符合当地实际需要、内容丰富的实用技术培训,改善女童的生活技能。

(4)开展勤工助学,增强学校自主发展能力。

(5)通过经验交流、每两年在北京举办"全国十佳春蕾女童"等评选活动,给予女童精神上的鼓励,激发受助女童的内在学习动机。

3. 项目产出及影响

截至2011年底,"春蕾计划"已累计募集资金11亿多元,兴建1 100多所春蕾学校,资助220多万人次贫困女童重返校园(杨秀磊,2012)。为赋权女童,增强其参与和促进家乡发展的能力,中国少年儿童基金会设立实用技术培训专项资金,负责为大龄女童提供技术培训,截至2011年,已经培训妇女和女童41.6万人次[1]。

"春雷计划"强调资助的标准化、女童心理健康问题以及

---

[1] 根据中国少年儿童基金会的数据,http://www.cctf.org.cn/。

女童的内在动力和自我发展,尤其是关注最不利群体的根本利益,改善了学校的基础设施,培养了女童的生活能力,增强了女童的自信,有利于缩小教育中的性别差距,从而提高女童和妇女的社会经济地位。正如中国科技促进发展研究中心在《春蕾计划社会效益评估报告》[①]中所描述的那样,该计划改变了贫困家庭、贫困地区"重男轻女"的落后观念,进一步推动男女平等基本国策的落实。"春蕾计划"也促进了义务教育的普及,提高了农村妇女的素质,推动城乡和谐发展,并通过广泛调动社会资源增强了社会的公益意识。

因在推动女童教育方面所取得的成绩,"春蕾计划"得到了政府部门的大力支持,扶持"春蕾计划"被作为政府教育发展措施列入《中国儿童发展纲要(2001—2010年)》、2001发布的《中国全民教育行动计划》等重要文件。作为一个公益项目,"春蕾计划"又被民政部授予"中华慈善奖",并被写入《中国人权事业的进展》白皮书。

---

① 请参考中国科技促进发展研究中心所编写的《春蕾计划社会效益评估报告》,http://news.cctf.org.cn/cl20/pinggu.pdf。

4. 经验和挑战

二十多年来,"春蕾计划"基于"通过资助服务、利益表达和社会倡导,帮助少年儿童提高能力,改善少年儿童成长环境"这一公益性宗旨,依靠妇联在全国的组织网络,深入到社会基层,对贫困女童提供资助,积累了有益的经验。

(1)依靠妇联系统推进项目:妇联的基层网络对于推行项目来说是一种力量强大而成本低廉的组织资源,便于项目有序、平稳地在全国展开。在政府的大力支持下,妇联具有很强的政治资源优势,有利于"春蕾计划"的实施。各级妇联组织为偏远贫困地区春蕾学校和春蕾班的运行提供了切实可行的建议和详细规定。

(2)遵循"需求—满足"的行为方式,灵活应对社会需求:"春蕾计划"以社会公共利益的需求为导向,遵循"需求—满足"的行为方式,灵活开展活动,具有很强的适应能力和应变能力。例如,随着修订后的《中华人民共和国义务教育法》的颁布以及国家"两免一补"助学政策的实施,"春蕾计划"及时调整资助重点,对义务教育阶段贫困女童的资助从学费、学杂费转移到生活费用的补助,救助范围从小学、初中阶段扩大到了高中、大学。针对农村劳动力转移而出现的留守儿童教育问题,"春蕾计划"将关注重点延伸到留守儿童及城市中的贫困儿童。通过满足不断变化着的社会需要,项目获得了广泛的社会支持并产出了更多的积极成果。

(3)媒体宣传和动员:多种形式募资,大力支持女童赋权和教育。通过利用网络和社交媒体等大众媒体和即时沟通工具,扩大了项目的知名度和影响力。活动主要包括设计专题网页,招募志愿者,开展评选"双十佳"、国家领导人接见"春蕾教师"和"春蕾女童"以及参加有影响力的电视节目等。

(4)建立多种合作伙伴关系:不同的利益相关者和各种形式的机构为"春蕾计划"筹集了大量的资金和实物援助。"春蕾计划"积极与国家领导人、党政部门、大型企业和慈善机构沟通交流,争取源源不断的支持和赞助,在学校、社区等组织大型募捐活动,获取社会公众的关注和支持;通过在国际社会的宣传及对"春蕾计划"进行实地考察,获得国际组织机构与国际友人的援助。

在未来的发展中,随着教育入学率差距的不断缩小,"春蕾计划"应适当关注贫困男童的受教育状况,帮助更多的孩子完成学业;同时,要采取有效措施减轻女童心理负担,保障儿童接受教育和健康发展。

(二)案例二:中英大龄女童技能培训和能力建设合作伙伴项目

1. 项目背景

为推进千年目标的实现,我国政府、国际组织和各类社会组织开展了扎实而有成效的工作,"中英大龄女童技能培训和能力建设合作伙伴项目"正是针对农村失辍学女童开展的一项技能培训项目。项目由英国国际发展部提供经费支持,全国妇联具体实施,试图通过妇联、教育、扶贫、卫生等机构的共同努力,为大龄女童提供文化知识、职业技能和生活技能培训。

在中国急速的社会转型背景下,社会公平问题引起了广泛的关注,其中女童教育问题更是关乎教育中性别平等的核心问题。女童教育对于其原生家庭和未来家庭的生活质量有着显著的影响,对于社会进步和国家发展也能起到深远的影响作用。从另一个角度看,受教育是女童的基本权利,教育机会上的性别平等也是建立和谐社会的基本要求。因此,无论是从个人权利还是从社会发展的角度看,解决农村贫困女童的教育问题都是国家、社会、家庭必须协力解决的一件大事。

为了更好地推进女童教育,在2001—2010年《中国儿童发展纲要》中,我国明确提出了女童发展目标,即"逐步提高女童及流动人口中儿童保健覆盖率;切实保障女童受教育权利,消除阻碍女童入学的障碍;关注女童和处于特殊困境的儿童,保证其获得健康成长和平等发展的机会"。

数据说明,农村和少数民族地区,文盲和低文化水平的女性所占比例较高。这些数据不仅反映出农村贫困女童受教育权利的保护问题,也反映出女童家庭教育状况上的不利处境以及父母的受教育程度有限。

2002年,中英大龄女童项目启动时,基础义务教育正处于最后的攻坚阶段,一些重要的目标指标有待进一步落实。而后来对女童入学率提高起到了较大作用的"两免一补"及免除义务教育学杂费等政策尚未出台。偏远贫困地区适龄青少年辍学现象还很严重,尤其是女童辍学率居高不下。

这些走出学校但尚未达到成年就业年龄的大龄女童存在着社会适应不良、缺少社会关注等诸多问题。如何从性别角度了解并满足大龄女童的实际需求,更好地帮助她们融入社会生活,是项目的出发点。在项目实施过程中,如何解决跨部门合作,形成关注大龄女童、帮助大龄女童的社会氛围是项目致力于解决的一个问题。长久以来对大龄女童非正规教育研究和实践的相对缺乏,项目着重在培训资源开发整合的探索,贴近女童生活和心理的培训教材编写、实用有效的培训模式创新等方面进行了探索。

2. 实施过程

(1)对象选择:项目实施地点选在地理位置偏远、经济发展欠发达,交通不便、少数民族比例高的中国西部地区,首先在云南省西畴县开展试点工作,然后在云南、四川、甘肃的六个国家级贫困县开展培训活动。项目的目标人群为项目实施地13—18岁的大龄女童,选择女童的基本要求是:

1)文化程度:小学毕业未上初中、初中辍学及未上高中的大龄女童；

2）家庭经济状况：家庭最贫困的大龄女童；

3）特殊困境女童优先：在同等条件下，残疾女童、少数民族、离异家庭及其他特殊情况的女童优先接受培训。

整个项目分为三个子项目组，分别是研究、培训、宣传倡导。项目首先在云南省西畴县开展了基线调查，培训当地妇联干部等项目参与者，在选定的三个乡进行入户调查，通过基线调查进行基本需求分析，掌握大龄女童、家庭及当地经济社会发展状况，为开展培训奠定基础。通过调查了解大龄女童基础状况（包括人口数、实际需求数、文化教育程度等）及参与经济发展的障碍，了解贫困地区人们对待女童的态度及观念，从而进一步了解培训和宣传的重点和内容，为项目开展培训和宣传工作奠定基础，为项目中后期评估和追踪研究提供基础数据。

调查分为三部分：田野工作、问卷调查、文献资料收集。包括几个方面的内容：对大龄女童教育、卫生保健、权利意识等状况的调查；大龄女童自身需求的调查；大龄女童接受培训状况的调查；大龄女童家庭状况的调查，包括家庭经济状况、子女状况、家长观念、文化水平等；对项目实施地的社会调查，包括当地经济、社会发展、环境的调查等。调查主要采取座谈、访谈、观察、入户调查等方法，调查对象包括在学和辍学女童、家长、中小学学校校长、乡镇干部以及县教育局、劳动局、妇联、科技局、公安局、统计局等单位的干部。

（2）教材编写：

1）鼓励基层教师的深度参与。对实用语算教材的编写方式，项目组设定了由基层教师亲自编写，专家提供技术帮助的基本原则。两位基层教研员最初很有压力感，认为自己胜任不了教材编写工作，而且觉得专家才是编写教材的恰当人选。在专家的鼓励与支持之下，两位老师终于开始模仿培训组牵头专家事先根据实际调研素材撰写的"介绍我自己"课节范例。由于课节都是以"我"为主角，以"我"在生活中所处的各种情境为背景，两位老师很快撰写出了一些非常鲜活的个案故事。

2）由于两位编写者对于当地的经济社会问题、风俗文化以及对女童的生活都比较了解，她们撰写的教材具有较好的乡土气息，一些案例就是根据当地发生过的真实事件撰写的。撰写教材前,两位老师不会用计算机。她们每写完几个课节,就寄到北京,由参与项目的研究生负责录入。由于基层教师工作很忙,教材的开发进度难以保证。为了帮助两位老师更高效率地完成工作,项目组的研究生又亲自到试点县工作了两周,帮助两位老师及时录入、修改写完的课节故事,并激励两位老师更好地投入案例的撰写工作中。案例完成后,如何从案例故事中发展出有意义的学习内容则是教材开发过程中面对的另一挑战。培训专家在此过程中给基层教师提供了很好的帮助,但这种帮助并不是直接替基层教师设计教学活动,而是启发思路和方法,具体的撰写工作还是要由基层教师来完成。整个教材开发过程中,专家和基层教师建立了深度的合作关系。两位老师对项目的宗旨和实现方式有了深入的理解和认同,她们的聪明才智也得到了很好的表现。参与女童项目使两位基层教师能够深入理解需求为本的教育与参与式教学方法,这对两位老师的本职工作起到了相当积极的影响。

3)以解决生活中的实际问题为导向。为了培养女童应对实际问题的能力,需要帮助女童树立积极正面的心态,让她们认识到自身的能动性。在设计一个有关拐卖问题的课节时,我们最初的案例是这样设计的:一个叫张凤仙的女童,上完小学四年级那年,家里实在没钱供她上学,不得不辍学在家务农,她心里常有一个疑问:山外是什么样子的? 四年前的一天,村里曾出过远门的张大婶给她讲了许多新鲜事,听得她心里痒痒的。后来张大婶问她是否想出去找个工作,她去征求父母亲的意见,但他们都不同意,她就偷偷地和张大婶走了,但不幸被拐卖到遥远的地方。案例的最后一句话是:"我该怎样办,请帮帮我吧!"专家在审阅教材时,建议文本中能呈现更为积极的女童形象,我们于是将文本的后半部做了如下的调整:

到那儿以后我才发现自己被骗了,她们把我卖给了一个又傻又丑的男人,当时我真的是欲哭无泪啊,我该怎么办呢? 我想到了反抗,想到了死,可有什么用啊? 我才21岁,今后的生活还很长,我要坚强地活下去。左思右想,我决定先骗取那家人的同情和信任,然后再偷偷地逃跑。我对她们说:"如果你们真的逼我，我就去死。"那家的老人害怕了，晚上没敢逼我和那个男人一起住。

过了几天，我逐渐熟悉了周围的环境，终于有了机会成功出逃。当我在好心人的帮助下回到家里，感觉有一种从未有过的喜悦。当时我就决定，我再也不轻信别人的话了，我要辛勤劳动，学一些实用技术，让自己的家富裕起来，我相信我会做到的。

两个文本的区别在与前一个故事中的女童有一种无能为力的紧张感，而后面案例中的女童则能更为积极主动地应对困难。案例中我们只是一笔带过说案例中的女孩终于有机会成功出逃，而并没有给出具体的逃脱办法。实际上让参与培训的女童去积极思考，能想出很多可能的应对办法。

当然，培养学生解决问题的能力还只是实用语算学习的一个延伸目标，培训过程中一定要利用这样的问题解决情境让女童完成语算学习的知识和技能目标。

（3）培训者培训：实用语算的教材编制完成后，还需要对培训者进行指导，帮助她们正确运用教材。对此，项目组的基本原则是教师不必刻板地使用教材,而是要根据实际需要创造性地加以分析运用。

1)参与式培训方式。培训者培训活动采用了参与式方法,让老师们利用教材中的一些好的教学思路与做法上课,然后大家一起来探讨改进策略。教材中,有一个故事是给在外打工的姐姐写信,信中给姐姐汇报了她寄来的那1 000元钱是怎么安排的。培训者培训中,一位乡镇小学的老师没有用教材中设计的算术学习活动,而是将很多电器广告贴在黑板上,让学员到黑板前去看这些电器的性能和价格,然后问如果有1 000元钱,她们打算购买哪些电器,买完后,还能剩多少钱。老师继续问:"如果自己最大限度地去努力赚钱,将来还有可能买哪些电器?"评课讨论中,大家认为这种设计比教材有了创新,并且又以此为基础想出了很多好的教学设计。有的老师指出,计算主题的选择要贴近女童的生活实际,如可以让学员算一算建沼气池的费用,也可以让学员练习讨价还价。

培训者培训还研讨了一些一般性的问题,如怎样设计开放性问题,什么是参与式教学的本质特征等。讨论中,大家意识到"你小时候最喜欢做的事情是什么?"这样的问题就比较能打开女童的话匣子,而参与式的核心是让每一个学生都参与到有效的学习活动中,并且认识到参与并不是指表面的活跃与热闹。

2)促进理念的转化。培训者培训也让大家进一步意识到乡土知识和乡土情感的价值,在"介绍我的家乡"课节中。一位小学老师首先对学员说:"十几年前,我就是一个大龄女童,后来通过当带课教师最终成长为一名小学校长。"她勉励女童要对明天充满信心。课上,这位老师请各个乡的学员分组讨论本乡的特产,大家分别列举了一些特产,这位老师也介绍了自己家乡的特产,并表达了对家乡的深厚感情。最后,她请大家阅读课文,并说出对家乡的希望,多个学员说希望家乡的路能修得更好。听课的老师认为,这位老师课堂上很注重和女童的交流,较好地把握了本节课的教学目标:让学员更好地了解家乡,热爱家乡。大家又提出应通过民俗、节日、少数民族文化等反映家乡的风貌,并且认为在教学中一定要培养女童对于家乡的自豪感。

(4)宣传倡导:项目宣传倡导专家结合国际经验对项目

宣传倡导活动进行计划和设计,创造性地以当地喜闻乐见的文体活动,通过各种方式进行宣传倡导,具体的策略有:让大龄女童参与到项目中来,成为项目的主人、组织女孩论坛、让女童的父母参与到项目中来并支持自己的孩子参与培训、组织当地政府官员参与项目,并得到他们的支持,吸引相关机构的负责人及潜在的企业雇主的参与及关注,争取学校校长及教师的参与,吸引捐款人的关注与参与;具体来讲,媒体宣传策略包括:精心准备公共宣传材料,在县级层面上积极推进宣传策略,与当地媒体如电视台、电台、报纸、广播等联系,并弄清楚它们的原则和底线,召开新闻发布会并接受访谈,对所有的宣传倡导策略进行检测和评估。

据相关统计资料显示,项目实施期间,举办省、县级领导性别意识培训班,中央电视台拍摄了"大龄女童"专题片,百度网"中英大龄女童项目"相关网页搜索4 950个。各项目点在主流媒体播放专题新闻、专题片累计600次,先后制作项目专题片19部,印发宣传单、海报、标语、展板、黑板报、手抄报等数以万计。各个项目县还结合实际情况,将宣传倡导性别平等、关爱女童的理念创造性地运用到地方戏曲和文艺节目中,在县级演出152场,利用露天场地演出700多场。还通过召开现场会、女童现身说法、同伴教育等方式扩大项目影响力。值得一提的是,项目开展的三省六县分别制定了23份相关政策文件,为促进女童发展提供了政策保障和制度创新。

3. 成功经验

(1)项目最成功的经验之一是合作伙伴关系的建立和合作,这是解决性别议题的关键。国家级、省级、县级各级专家在实际工作中形成了互为补充的合作伙伴关系,通过合作达到了能力建设的目的。在国家级和省级专家支持下,教材由当地一线教师开发,开发者包括各个部门,学校、医院、林业部门、农业部门等不同的相关参与者,共同开发,共同授课。

(2)针对大龄女童的培训是一种基础性综合性的培训。大龄女童技能的培训有两个重点:一个生活技能,一个是职业技能,对女童的这些培训可以较好地提升其社会性别意识,但是同时要给予一技之长,比如家政服务、餐饮服务、美容美发等。通过学习不同的技能找到适合自己的职业道路。不同的技能之间是可以迁移转化的,大龄女童在接受了项目基础性综合性的培训之后,可以更好地适应真实的生活情境并发展出属于自己的能力技能。这也是技能培训的模式的一种有益探索和实验。

(3)项目较好地处理了研究、培训和宣传倡导之间的关系。培训教材基于前期扎实的基线调查,培训之后又趁势组织了女童论坛。通过基线调查发现可以真正参与到项目中的人,为后来的教材编写和培训者培训打下了基础。培训者培训的场景都是有女童在现场的真实授课环境,培训者给女童上课的同时,其他的培训者参与观摩,这是一种真实的基于实践的共同学习过程。

(4)教材开发过程中的成功经验。教材开发过程中的几个细节,保证了作为乡土教材的真实性和实用性。

1)需求为本的课程开发模式。女童技能培训是一种非正规教育,正因为如此,培训的内容和方法必须贴近女童的需求,否则即使是免费培训也不能吸引女童参加培训。项目实施过程中,我们体会到需求为本从本质上看就是对女童的关爱,有了这样的情感,就能走进女童,了解她们的需求与潜质,并且能有针对性地提供实用的培训活动。所谓实用,是指活动能够影响到女童的思想、情感和行为,促成她未来人生的积极改变。需求为本,也应建立在对当地社会、经济、文化的深度了解,从而帮助女童在社会中找到适合自己的发展方向。

2)基层教师参与课程开发。教师参与培训课程的开发,能够开阔她们的视野,激发她们的潜力,培养她们关注社会问题的意识。教师应该调整课程和教材适应当地需要,并创造性地改进教学方法,确保课堂针对具体学生群体和现实需求。学校教育和社区的联系需要得到进一步的加强,农村教师应该在社区教育中发挥更大的影响作用。对农村教师而言,乡土知识与民俗文化也是很好的教学资源,教师可以在教学中充分利用这些乡土资源,帮助学生把所学的知识和身边的实际生活联系起来,以克服教材不符合学生实际的局限。在女童技能培训项目中,项目在不同的省份开展,接受培训的女童文化程度也参差不齐,但教材只有一套,这就要求教师能够联系当地的实际裁剪教材,更新内容。

4. 效果及影响

（1）根据相关统计资料显示，中英大龄女童项目共在三省六县92个乡镇1 671个村免费为12 761名失辍学大龄女童提供了实用语算、实用生计、实用职业技能培训。受训女童中50.2%外出打工，47.4%在当地就业或帮助家庭经济，2.3%的女童重返校园。

（2）项目后期，性别平等专家适时与相关社会组织开展合作，取得了双赢的效果。如，某些项目县的学员被输送到北京市农家女实用技能培训学校锻炼，获得更大的职业舞台。再如，大龄女童项目培训教材与北京天下溪教育咨询中心的"一方水土一方人"的乡土教材理念不谋而合，进行了卓有成效的交流和探讨。

（3）项目的政策倡导取得了显著成效，一些项目省县将大龄女童项目纳入了当地政府工作内容，并与劳务输出培训结合在一起，取得了良好的效果。还有一些项目县结合项目经验积极探索大龄女童就业方式，为当地提供就业机会。

（4）通过大龄女童项目，专家们也得到了锻炼，同时成长起一批长期关注女童的研究者及实践者。

（5）项目结束后，相关专家仍然在小范围内开展类似的研究的实践，比如北京师范大学多元文化教育研究中心与清华大学继续教育学院教育扶贫办公室、香港小平教育基金、甘肃省陇西县职业教育中心在甘肃陇西开展了"适龄失辍学青少年实用技能培训项目"，取得了较好的效果和影响。

5. 问题和挑战

（1）项目结束以后，类似活动的机会和资源减少，如何开发资源，是从民间筹钱还是争取政府支持，这是一直未能解决的问题。

（2）项目的目标之一是通过实施在项目实施地促成一个专门的管理部门，专门地持续地为大龄女童培训提供支持和服务，但是，项目的最后的产出并没有实现这一目的。而且原先，参与项目的各部门，学校、卫生部门、就业指导部门、职业教育部门等之间的合作在项目结束之后如何持续下去也是项目没能解决的问题之一。合作伙伴关系的建立和维护，需要用什么样的制度和什么样的部门来维护和促进，妇儿工委可能会是较好的选择。

（3）从女童非正规教育的后期发展来看，科协系统通过建立县乡学习中心的模式而提供的非正规教育的方式，似乎是比较成功的路径。但是科协系统的学习中心怎样有性别的视角，也是一个问题。

（4）随着"两基"达标验收完成和"两免一补"政策的实现，地方政府不愿意提及失、辍学问题，在合作意愿上有所降低，从而对大龄女童的培训制造了一定的障碍。而低龄辍学现象减少，初中辍学现象的增加也使得管理和培训的难度加大。进一步来说，这种情形下如何界定"大龄女童"也是一个需要探讨的理论问题。

6. 结　语

大龄女童项目看到了在中国这样一种社会情境下，在大多数人认为男女已经平等实现从而不把性别问题作为重要议题的社会文化倾向中，通过跨部门合作，让大家看到了女童问题的重要性，了解了女童的现状需求，探索有效的培训和管理模式，提供了一定的经验支持。进一步来说，对增强进程务工女青年培训的针对性、提高非正规教育中的性别敏感性、对NGO扫盲教育、女童的生活技能培训等,都产生了一定的影响。项目也让社会看到了大龄女童的力量,接受培训的大龄女童,通过自己的表现和成绩发出作为一个群体的声音。

(三)案例三:性别平等视野下的中国爱生学校标准

1. 项目背景

随着中国经济的发展,追求效率成为主要的关注点,很多社会公平问题没有得到及时的解决。近年来,国家提出了和谐发展的理念,公平问题也得到了广泛的关注。然而,相比于其他社会公平问题,如城乡差距等,性别问题具有更强的复杂性和隐蔽性。

(1)基础教育中的性别不平等:研究显示,基础教育领域的一些性别平等问题还没有得到很好的解决,例如,女童教育权利的保障问题、师生互动中的性别偏见、教科书和相关教育教学材料中存在的性别刻板模式、农村女教师的发展困境等问题。与此同时,在监测和评估教育策略和成就时缺乏性别分析,而且学校教育中的性别问题常常只是一些女性主义研究者的关注点。

(2)"爱生学校"在中国:"中国爱生学校标准"项目从一开始就强调标准要具有很强的性别敏感性,要为促进教育教学中的性别平等提供有用的方法。"爱生学校"是20世纪90年代后期,联合国儿童基金会与东亚一些国家开展基础教育合作过程中所推行的试验项目。1996—2000年,中国和联合国儿童基金会合作开展了"贫困地区基础教育和早期儿童关爱"项目,把创建"爱生学校"作为一项重点工作,旨在推进项目地区的学校以学生为本,改革教与学的关系,改善学校、社区、家庭的关系,提高学生的学业成绩。2001—2005年,项目范围扩大,西部十省(内蒙、广西、陕西、甘肃、宁夏、青海、云南、贵州、四川、重庆)有4 000多所学校参加了项目。此后爱生学校项目一直在这些地方持续开展,而且使用了联合国儿童基金会早期开发的爱生学校标准作为爱生学校建设的指南。

尽管这一标准虽然反映了国际先进理念,但是具体的内容还难以满足中国教育发展的现实需要。因此,2005—2010年的周期中,联合国儿童基金会与中国教育部合作开展了中国爱生学校标准的开发和实施项目。该项目根据国际比较,中国国情和各项目校所在地区的教育实际情况,确定了标准的四个纬度(方面),即全纳与平等、有效的教与学、健康卫生与安全、参与与和谐。

(3)社会性别视角下的爱生学校标准:事实上,在确定维度的过程中,性别平等问题引起了一定的争议。性别平等领域的专家希望能够将性别平等单列为一个维度,而且之前的爱生学校标准就是这样做的。但其他参与者认为性别平等在中国已经得到了比较好的体现,基层学校不存在这样的问题,性别平等不必在爱生学校的基本维度中体现,但是在一些具体的指标中可以加入有关性别平等的内容。经过讨论和协商,为了协调不同各方的利益,最后在爱生学校标准的第一个维度"全纳与平等"中将性别平等特别突出了。

"全纳"是指学校积极动员并帮助每个适龄儿童,特别是处境不利儿童入学并从学校教育中受益;"平等"强调要关注男女儿童平等的入学和发展机会,营造无歧视的、尊重学生多样性和差异性的学校环境。"平等"则是现代教育发展的一个基本要求,即尊重和理解学生在文化、语言、家庭、经验等方面的多样性,平等地对待每一个人。在各种与平等相关的问题中,性别平等尤其值得关注。一方面,性别偏见与歧视广泛存在于社会生活中,是每个人都会经历到的;另一方面,在各种不平等的关系中,性别不平等最为牢固,撼动起来也最为艰难。

正因如此,全纳与平等维度特别强调了性别平等问题,试图将平等目标首先具体化为男女两性的平等,其他平等议题以此作为参照。

全纳与平等维度由三个领域构成,分别是:①保证儿童平等的入学机会;②尊重学生的差异性和多样性;③性别平等的教育教学环境。具体来看,本维度主要有以下三个方面的内容:

1)学校应主动、积极地为所有适龄儿童提供入学机会和创造平等的就学条件,并且要特别关注女童、残疾、贫困以及流动和留守儿童在入学过程中所面临的特殊困难;

2)无论学生背景和能力如何,都能够在教育教学中受

到平等对待,以获得未来发展中所需要的基本知识、态度与技能;

3)学校提供无性别歧视的教育教学环境,为女孩和男孩平等走向社会做好准备。

从性别主流化的立场来看,由于全纳与平等是现阶段中国教育发展过程中正在引起关注的议题,将性别平等放在里面,也是一种有效推进性别平等的策略。

2. 性别平等教育指标的开发

性别平等指标的开发得益于中国爱生学校标准开发项目的宏观管理,这使得标准开发的流程具有了更强的科学性和参与性。另外,参与性别平等指标开发的两位核心专家长期从事相关的研究和实践,有着丰富的项目经验。具体的工作过程如下:

(1)分析教育中的性别议题:该项目组首先收集了国际范围教育与性别领域的相关文献,并且在研究美国、英国、新西兰等相关国家与性别平等相关的学校发展标准和框架、儿基会《爱生学校评估——东亚及太平洋地区项目管理者指南》《全纳与爱生学校研讨会会议报告》《儿童权利公约》的基础上,形成了《各国爱生学校"性别敏感"纬度的综述和分析报告》。

与此同时,项目组对于中国基础教育中的性别问题进行了文献回顾,并梳理了存在的问题:教师普遍缺乏性别敏感;教材与教育内容的性别偏见;女性教师和校长发展中的天花板效应;女生缺乏性别角色榜样;男女儿童在学业和发展的很多方面呈现性别差距等。

此外,项目组还梳理了中国爱生学校建设的已有经验,并通过实地调查和专家研讨,将"性别平等的教育教学环境"归纳成两个方面,分别是:学校倡导性别平等,确保教育教学内容及环境具有性别敏感性;男女教师都能平等参与学校管理,享有平等的发展机会。

(2)制定指标初稿并逐步修改完善:在前期文献回顾、实地调研和召开研讨会的基础上,项目组进一步对各领域的关键构成要素进行了分解和建构,制定出了具体的标准、指标和达成标准的策略建议。按照项目计划的要求,这一阶段形成了爱生学校的指标初稿,其中列出了具体的标准、可观察可测量的指标和达成标准的策略建议。

项目组首先将爱生学校标准初稿反馈到一些项目地区，发给基层教育工作者、教师、学生进行调查，让他们对关联性和适切性进行评估，并提出修改建议。

2008年11月和2009年5月，专家组通过对四川、广西和云南三个项目省区共18所试点学校的839名学生、631名教师以及20余名教育行政部门管理人员进行了调研，结果发现：项目学校的学生对全纳与平等维度的内容是高度认同的。在学生问卷中，对于"男女同学都能得到老师的平等对待，教育教学也能注意男女同学的差异"这一选项，77.8%的被调查者认为"很重要"，17.2%的被调查者认为"较重要"；83%被调查者认为"学校中男女老师应该平等发展，一起参与学校管理""很重要"，13.7%被调查者认为此指标"较重要"。在教师问卷中，绝大部分教师认为"爱生学校标准能够对于自己的工作和学校的发展起到引领作用"，其中，对于"学校中性别平等，教育教学内容及环境中实行性别敏感认可性"，67.7%的被调查者"很认可"，27.1%"较认可"；对于"男女教师平等参与学校管理，且有平等的发展机会"这一选项，

86.2%"很认可",12.4%"较认可"。

根据实地调研的结果,进行研讨,聚合专家和调研人员的相关意见,专家团队进一步修改性别平等指标,并最终确定了爱生学校全纳与平等维度的实施指南初稿。

(3)标准试点、试用:在整个大项目的支持下,爱生学校标准在云南、广西、贵州、内蒙、西藏等地区的一些学校进行了试用。一些学校还重点就全纳与平等维度进行了试用实验,并将发现的一些问题及时进行了反馈。通过以上步骤,"建设性别平等的教育教学环境"这一标准的具体内容,具体见表3.4,其中包括了该领域的两个标准以及相应的过程指标和结果指标,为学校了解自己在性别平等方面存在的问题提供了一个工具。在具体的使用中,学校会把指标中的内容通过调查表的方式,标准的使用过程中,学校要针对标准进行问卷调查,了解各个指标的达成水平。让老师和学生填答,从而可以检查在建设性别平等教育环境方面存在的问题和差距,并且根据指标的要求开展相关的改进和提升工作。

(请参见表3.4)

表 3.4 建设性别平等的教育教学环境

建设性别平等的教育教学环境	学校倡导性别平等，确保教育教学内容及环境具有性别敏感性	1. 教师能够指出教学材料中存在明显性别偏见的内容并避免学生受到影响； 2. 在学生未来职业和爱好的引导方面，学校和教师能突破传统性别观念的影响； 3. 学校的海报和宣传栏中，展示积极的男性和女性角色榜样，特别是那些从事非传统性别角色工作的男性和女性； 4. 在课堂提问和反馈问题时教师不因学生的性别而降低或提升问题的难度； 5. 男女生在班级和学校事务管理上负有同等的责任，享有同等的机会。	1. 学生能够敏感地区别带有性别偏见和歧视的话语； 2. 男女生都没有受到性别歧视，学习和生活的自信心不断增强； 3. 课程设置和教材无性别、民族、文化歧视； 4. 男女生在升学、就业和学业成就上享有平等机会。
	男女教师都能平等参与学校管理、享有平等的发展机会	1. 全体教职工都知晓男女平等是中国的一项基本国策； 2. 女教师感到自己在工作中受到与男教师同等的重视； 3. 依法落实对孕产期女教师提供特殊照顾的规定； 4. 男女教师拥有同样的外出培训和发展机会。	1. 各级行政领导中男女教师所占比例； 2. 不同职称水平上男女教师所占比例。

（4）将标准推广到更大范围进行实施：中国爱生学校标准目前已经推广到了很多地方，包括西南少数民族地区、北京海淀区、辽宁沈阳、山东济南、河北等一些市区。在北京海淀区的实验中，项目组专家利用到学校指导标准实施活动的机会，在培训内容中渗透了性别平等思想，帮助学校教育管理者和教师认识并提升了对教育中性别平等重要性的认识。

3. 项目经验

（1）标准建立中必须要有能够坚定的推进性别平等的专家，要使性别平等问题落实到爱生学校标准和具体指标中。由两位社会性别领域的专家负责全纳与平等维度的开发，清楚地认识到了性别平等教育的重要性和必要性。

中国直接谈性别平等比较敏感，因此可以采用策略性的方法将其包含在全纳与平等的维度下，从而易于被接纳和认可。把我国一贯重视的"男女平等"方针在维度上列入"全纳与平等"，把女童与其他教育弱势群体儿童放在一起，减少了推动性别平等的敏感度。

（2）性别平等的标准要具有实践指导性和可操作性，同时也应该对实践具有很好的导向性。

在开发"建设性别平等的教育教学环境"标准的过程中，专家组多次进行实地调研，听取学校老师对标准的反馈意见，不断修改，然后在实践中进行检验，确保标准联系学校的实际工作，能反映出学校在性别平等方面存在的问题，并促进其改变和提升。

4. 项目效果和影响

(1)在中国这样的一个大国，将性别平等列入学校标准，具有超前性和导向性。

虽然既有的教育政策对公平议题颇为关注，但是很少就性别平等做出具体的要求和指导。中国爱生学校标准具有鲜明的性别视角，不仅契合了性别主流化在国际社会的广泛认同，而且体现了中国社会未来的发展方向。

(2)这些标准给学校推进性别平等教育提供了要求和指导，促进了性别平等教育教学环境的建设。

随着这一标准广泛应用于很多地区的各级学校，促进了学校在性别平等方面的自我评估和改进，而以往的学校评估中很少从性别视角考虑学校建设问题。在标准的实施过程中，很多学校分析了自身存在的问题，通过海报、橱窗、展板、项目总结报告等进行展示。学校为女生提供良好的角色榜样,如邀请优秀的女性来做报告,特别是提供多元的角色榜样。当然,最为重要的是,学校要为女性的发展拓展机会,提升其自信,最终树立其积极的职业规划意识。

(3)爱生学校的推广模式为性别平等指标的实现提供了很好的支持和保障。

虽然,中国自上而下的教育体制给爱生学校标准的广泛使用提供了空间,但是爱生学校的推进主要是靠地方政府以实验的形式逐步推广,不完全是自上而下的行政命令。这样做的好处是克服了因为应付上级检查而走过场走形式等基层学校一直存在的弊病,同时也调动了学校自身参与改进的积极性和主动性,根据现实情况适时调整标准体系。

5. 问题与挑战

(1)社会性别话语及女性发展空间的影响:新中国成立后,在主流话语中"男女平等"、"妇女能顶半边天"等倡导性别平等的口号被简单地理解为已经得到了很好的体现,并在国际社会处于领先水平,性别平等问题已经不是当前需要迫切解决的议题。但是,实际上,中国妇女仍然处于弱势地位,尤其是在教育领域,由于女童入学率提高、女学生学业成绩较好、高考中出现越来越多的女状元、城市女教师在学校中所占的比例较高等现象,性别平等问题容易被忽略,甚至出现了拯救男孩的讨论。这些都是对性别平等指标的制定实施及进一步发挥深远影响带来了无形的阻力。改变社会规范、态度和行为方式,提高公众的性别意识仍然是项目需要解决的遗留问题。

(2)社会经济文化背景对学校开展性别平等教育的制约:性别平等不是一个孤立的议题,是和城乡、民族、阶层等交织在一起并且发生作用的。不同类型的学校遇到的性别议题是不一样的,解决问题的方法和途径也会有差别。建设性别平等的教育教学环境的各项指标如何与不同地区、不同学校的实际情况相结合,因时因地因人制宜,不拘泥于现有的框架,发展出一定的弹性,真正从提升性别意识、改变性别观念等层面对实验学校的教师和学生产生切实的影响,是目前项目还未能很好解决的问题,而这也有赖于整个大的社会环境的进步和改善。

(3)学校开展性别平等教育的能力有待提高:爱生学校中性别平等的标准制定出来之后,如何真正进入教育管理者和教师、学生的内心,如何切实有效地发挥指导和引领作用,也是未来面临的一个重要挑战。长久以来,由于性别敏感性的缺乏,教育管理者和教师缺少使用性别平等工具进行分析问题、解决问题的意识和能力。即使有现成的标准和工具摆在面前,很多基层工作者也摆脱不了"有心无力"的困境。因此,如何通过培训提升他们对于性别平等的认识和实际应用能力,特别是怎样利用爱生学校项目加强这方面的培训,是项目在未来发展中需要始终予以关注的一个方面。

第四章　经验与教训

贫困农村地区和少数民族地区的教育和发展既有现实问题，也有长远需求。"扶贫先扶教，治贫先治愚。"中国女童教育离不开国家规划、国际经验、本土专家、民间力量，以及当地内源型发展。

过去的30多年，中国相对稳定的经济和社会体制为教育系统的持续发展打下了基础，在组织、经费、支持以及质量保障等机制上得以建立和完善。但是，从性别视角来看，中国当前实施的教育举措既有进步的一面，也存在不足之处。例如，教育政策缺乏性别敏感性、教育体制创新不足、缺乏跨部门协作、难以有效落实、项目成果的可持续性等问题依然存在。

一、全民教育国际目标纳入国家规划

国家的政治意愿是推进深层次改革的先决条件，而谋求实现全球发展共同目标则可获得国际社会的大力支持。在世界各国协力推进全民教育和千年发展目标的背景下，中国坚持"两基"的战略地位，从国情出发，因地制宜，逐步完善政策，改革保障机制。通过全社会力量的参与，在世界上人口最多的国家实现了女童入学的普及，为探讨在教育资源缺乏和配置不均衡的条件下，推动教育公平和全民教育提供了有益的经验。中国正在提高各阶段的教育公平和质量，为全球教育发展贡献更大的力量。

（一）女童教育优先发展

正如前文所述，中国在保障女童权益、促进女童教育发展方面出台了一系列政策和法律法规，优先保障最贫困地区女童及青年女性接受最基本的义务教育的权利。过去的20年间，全社会共同努力普及义务教育，并为处境不利的女童提供相关教育和培训。政治、经济、社会和国际等方面宏观政策的制定,也推动了中国教育系统内部的变化,同时转变了对于女童教育的态度和行动方式。目前,通过教育和社会赋权,改变内在的性别结构已经成为主要的诉求。

(二)注重政策的灵活性,适应当地需求

中国虽然没有明显的种族、宗教的差异,但是地域的资源、环境、历史、文化的差距甚至超过了欧洲国家之间的差异。这一特殊性说明,在异质而多样的现实中,社会发展必须针对不同时期和不同地区的发展需求制定政策,特别是把入学和教育成就相对滞后的农村教育作为实现全民教育的重点和难点。针对各地实际情况,制定包括时间、地点、课程、教育、语言和传授方式等在内的灵活可行的计划方案和经济有效的措施,避免"一刀切"或单纯以城市为中心的发展路径。

优惠和补偿政策应该对最边缘化和处境最不利的群体给予倾斜。诸如城乡教师定期交流和资助农村女童教育等措施,推动了教育的均衡发展和性别平等。国家政策也要同时重视正规和非正规教育形式,确保所有儿童尤其是女童和

青年女性平等接受教育。此外,应高度重视有质量的学习,
这也是教育成果的实质所在。其中,主要涉及培养儿童的创
造力、社会适应能力、人文和科学精神以及技术运用能力等,
这也是作为公民有尊严地生活所必需的。

(三)加大资金投入与资源动员力度

为实现全民教育和千年发展目标,中国政府建立了教育
经费保障机制,并保证财政部、人事部、国家发展改革委员
会、国务院扶贫办公室等部门和全国妇联、残联、共青团等
组织共同参与。同时,政府动员群众集资办学和捐资助学,
多渠道筹集资金,调动资源。此外,通过与国际机构以及民
间社会力量在偏远、农村、民族和贫困地区通力合作,当地
政府进一步完善了责任机制,确保政策和项目的有效落
实,同时也在一定程度上降低了资金管理失范和地方腐败
等风险。在与各方合作的基础上,中国政府成功扩大了处
境不利女童的教育机会,推动了教育体制和文化模式的结
构性变革。

（四）广泛与深入宣传性别平等

在中国，国家政策可以通过五级地方政府（中央、省、市、县、乡）以及妇联组织等机构深入乡村、学校和社区。借助广播、电视、标语、板报等传播方式，广泛宣传女童教育对个人、家庭和社会经济发展的益处。此外，除了积极动员，简单形式的宣传也是扩大行动效果的关键。各种宣传策略有助于让"男孩女孩都一样"的话语形式深入人们的思想意识，改变重男轻女的观念和做法。广泛深入的宣传和动员有利于实现政策目标，并为促进女童教育发展创设良好的环境。

（五）女童入学情况检查和质量监测体系

在各级政府责任机制的基础上，1993年中国建立了"两基"督导检查和评估验收制度。为将基础教育惠及到最难以接受教育的群体，2001年各级政府将女童入学情况纳入检查范畴，这一体系也因此被视为评估和改善当地教育部门工作的最佳方式之一。2004年，国家又进一步规定相关部门要努力提高初中女童入学率，开发适合女童需求的课程，并优先资助女童教育。

为满足不断增长的教育新需求,教育部于2008年专门成立了基础教育质量监测中心,对基础教育阶段学生的学习质量和其他相关因素进行全面、系统、深入的监测,如学生的思想品德和公民素养、身体和心理健康水平、学业水平和学习素养、艺术素养、实践能力和创新意识以及影响学生发展的教育环境与社会环境等。此外,监测中心对城市和农村地区的基础教育质量进行了深入研究,并使用15项具体指标监测校际均衡发展状况。这些研究成果被用来为教育决策提供信息、依据和建议。为避免设立制度性障碍和简单复制应试教育,教育监测和评估体系应建立四级(中央、省、市和县)质量监测网络,保障政策的有效落实并提高教育质量。

为实现全民教育目标,尤其是实现教育中的性别平等,全面进行教育改革,大力发展中等教育、职业技术教育和学前教育。基础教育质量和课程的相关性日益成为改革过程中的焦点问题。通过与其他机构和组织合作,中国扩大现代信息技术在教育中的使用,缩小东西部地区的教育差距。此外,随着城镇化进程的加快,中央政府鼓励地方和省级政府负责,促进城乡一体化建设。

教育的关注点已经转向为所有学生,尤其是包括女童在内的最边缘化和处境最不利群体,提供有质量的学习和平等的学习结果。中国对课程目标、结构体系、指导方法以及评估方式进行了深入改革。利用国际和民间社会资源,越来越多的试点农村学校开始关注为学生创设健康、安全、性别敏感的学习环境,开发一系列包括生活技能、思维能力、性教育、生涯指导以及国际理解能力在内的校本课程。这些做法有利于帮助所有儿童,尤其是农村、贫困、偏远、民族地区的女童,实现其从"以能力为中心"的教育改革中获益的权利。

二、 国际创新理念和策略在本土情境中的可持续发展机制

为保证教育(尤其是性别平等方面)改革成功并具有可持续性,中国需要将国际创新理念和发展策略应用于本土情境之中,这首先要求深入研究当地的教育系统。开展合作项

目是提高当地领导者和实践工作者性别平等意识的有效途径之一,有助于影响当地组织机构固有的性别结构,并引发从意识到行动的积极变化。

(一)国际组织的影响

中国通过参加国际教育大会、签署宣言和实施项目,不仅从国际组织获得了进行教育改革的资金援助,还使得教育研究者、政策制定者与实践者接触到国际先进的教育管理理念和教育发展策略,并在学术话语、法律政策制定与教育实践方面受到影响。

例如,1995年联合国第四次世界妇女大会召开后,中国完善了保障女童和妇女平等接受教育权利的法律政策体系。"女性主义"理论逐渐开始得到学术界的重视,并展开了从社会性别视角对教育实践问题的研究。此外,中国于20世纪90年代签署了《儿童权利公约》和《儿童生存、保护和发展世界宣言》及其行动计划,加速了国内在儿童教育权利保护方面的立法进程。1991年,国家颁布了《中华人民共和国未成年人保护法》,1992年出台了《义务教育法实施细则义务教育法实施细则》,并于1995年开始实施《中华人民共和国教育法》,最终以法律的形式确立了平等享有教育机会的原则,从而保障了女童平等接受教育的权利。

包括联合国教科文组织(UNESCO)、联合国儿童基金会(UNICEF、联合国女童教育倡议(UNGEI)①世界银行(WB)、联合国开发计划署(UNDP)等在内的国际机构、国外组织和发展机构,为女童教育和处境不利群体的教育提供了重要的技术和资金方面的支持。尤为重要的是,提升了教育体系内部的性别平等意识,开拓了解决教育性别不平等的创新路径,并将妇女和女童纳入教育改革和监测机制之中。中国正在积极借鉴推动教育中性别平等的国际策略,并努力探索形成促进社会变革的本土化方法。

(二)本土力量的作用

国家对国际组织的宗旨和目标的认可和支持,是国际组织为当地社区带来影响的重要条件。同时,国际组织也必须

---

① 2000年在达喀尔世界教育论坛上发起了联合国女童教育倡议(UN-GEI),一个致力于促进女童教育的合作伙伴组织,旨在缩小教育中的性别差距,让女童平等接受各级各阶段教育。

与国家性组织和本土力量一起将发展策略应用于本土情境中,并最终融入国家层面或地方层面的政策体系。中国的专业力量、实践者、社会工作者以及民间组织在传播国际理念、调整适应本土情境并保持内源式发展势头方面发挥着重要作用。

1. 专业力量

20世纪80年代后,妇女和女童教育研究在中国社会兴起。90年代社会性别理论在教育和发展研究中迅速传播,国际发展援助项目采用性别视角开展能力建设与评价活动。这些实践进一步促使中国本土的性别专家、教育研究者、社会发展实践者和研究机构反思总结解决具体问题的策略,推广行动研究和参与式方法,并从民间行动和本土视角促进社会性别理论的发展。

在贫困地区开展的发展项目,将国际理念和学术话语以及地方政策密切联系在一起,唤醒了人们的社会性别意识,并推动了当地的性别主流化进程。正如,联合国儿童基金会的"爱生项目"刚被引进中国时,性别平等很难被认为是一个独立的评估指标,综合考虑各种因素后,该国际理念被融入"包容和公平"指标体系之中。通过项目设计和实施,本土专业力量引入满足地方现实需求的教育观念和方法,进一步影响到学校的教育实践。

2. 民间行动

中国本土民间组织的发展,以及在政策框架之外开展的民间行动具有独特的基层辐射作用。民间的倡导充分考虑了当地的文化和体制因素,重视能力建设,强调经济有效的解决方法,关注女童的现实需要。通过社会组织的革新和补充,提高了边远地区、少数民族地区以及贫困地区女童教育的可及性、质量和相关性。

3. 内源式发展

发展过程中的权力关系、所有权问题以及动态性须引起社会的广泛关注和思考。纯粹依靠外力资金支持、项目人员推动、政府短期政策关注与支持容易形成女童教育一时快速发展的现象。从国情出发,利用当地的人力和物力资源促进内源式发展是女童教育可持续发展的关键。对于贫困地区来说,发展经济,改善整体环境,使女童学有所用,提高经济社会地位,并使其通过教育获得能量,实现自我发展,服务社会,是促成内源式发展的重点。

4. 以人为本

包容、可持续、公平和质量等原则皆以人类的发展为本。经济增长过快以及GDP驱动型发展,都已成为备受争议的社会话题。各方利益相关者的共同参与,社会责任感的激发以及对社会公平的深刻理解,是改变现状的主要动力。为了拥有美好未来,社会应培养女童所需的各种能力,以此获得更多的选择机会,充分发挥自身潜力。

三、长期挑战

在性别平等政策和项目的制定和实施过程中,发达国家和发展中国家都面临着很多挑战。矛盾和张力来自诸多方面,这包括全球目标与本土需求、传统思想与现代理念、一般标准与具体指标、国际框架和具体制度、长效机制与短期利益，等等。尽管城乡和区域差距大一直是中国的热点话题，与之相比，性别平等问题具有更强的复杂性，与各种问题交织在一起。尽管教育是为女童赋权的重要方式，但是女童教育发展的经验表明，仍有更深层次的、限制女童赋权的问题难以解决。

（一）政策行动缺乏性别敏感性

实际上，"性别平等"概念在中国政策体系的普及程度非常有限。一些对女童教育产生重要影响的教育政策和行动缺乏性别视角和相关指标。例如，中小学远程教育工程、流动儿童教育政策、学前教育政策等尚未体现与性别相关的政策制定、执行及成果指标。信息通讯技术和人口流动是世界各国共同面临的挑战和机遇，这就需要人们深刻理解先进技术、教育资源以及市场新需求为女童发展可能带来的益处。

社会和文化传统中隐藏着不平等的社会规范，受其影响，男童往往更容易接近最好的、稀缺的教育资源；缺乏性别敏感性的政策行动实质上让女童面临不利的教育处境。此外,性别不平等还在教育过程中的性别刻板印象、性骚扰、升学、就业等方面有所反映。因此,国家要制定一系列确实可行的体现性别平等的法律法规和政策,除了保障所有儿童平等入学,政策行动还需要确保女童以及那些处境最不利的群体平等接受各级学校教育。

(二)政策无法有效落实

各级地方政府分别负责,确保教育政策的成功实施,十分重要。有效的监督机制可以确保政府资源投向处境最不利的群体,而非贫困地区的权力拥有者。例如,国家需要确定财政转移的资金能够到达流入地政府和接收学校,从而保障流动儿童顺利进入公办学校就学。这种机制也有助于解决职责不清的潜在问题,如当地政府有提供免费义务教育的法律义务,公办学校有正常录取包括流动女童在内的边缘化群体的社会责任。

政府的改革在不同背景下会产生不同效果,各项政策的合力对不利群体的问题也未必能够产生积极的作用。例如,"撤点并校"政策旨在优化教育资源配置,提高教育质量,但却带来上学距离过远、安全隐患增加、食宿经济负担、巨型学校和大班额等一系列负面效应。中央权力的下放增加了地方的灵活性,因此还要加强教育管理,使政策真正落实到目标群体。同时,还要综合考虑男女两性的根本利益和现实需求,从而谋求互益和共同发展。此外,城镇化和人口流动为中国教育体系带来了种种影响,因此,为消除不平等、促进社会和谐发展,在教育政策的设计和实施阶段优先考虑性别平等非常关键。

(三)跨部门合作机制不完善

女童教育不仅局限在教育领域,还与经济、政治、法律、环境以及其他关键发展层面相互作用。开展女童教育的机构涉及多个政府部门和社会组织。虽然不同机构在围绕农村教育、女童教育、流动子女教育以及大龄女童教育开展了大量研究和项目活动,但是相关部门之间很少沟通与合作,从而限制了这些措施的影响力和成效。

因此,女童教育发展需要教育、立法和行政管理等领域制定一系列措施。项目需要从上到下、方方面面的通力合作,通过生存、营养保健、生理和心理健康方面的教育促进女童的全面发展。这些举措保护了女童的权益,帮助女童谋求了理想的工作,获得了体面的生活。

在女童教育发展过程中,政府发挥着重要的协调作用,但仍然需要探索有效途径,寻求更广泛、积极的合作,并形成协作机制,促进各部门和机构之间协调工作。此外,各部门需打破行业和学科之间的壁垒,建立优势互补、资源共享、分工协作的跨部门合作的工作模式。

(四)政策和措施缺乏可持续性

女童教育的挑战和进展评估中缺乏性别平等指标,有效管理拥有2亿中小学生的世界最大规模的教育系统也面临着社会所带来的种种挑战。同样,中国社会性别主流化与发展过程中的复杂社会问题交织在一起。虽然《中国妇女发展纲要》和《儿童发展纲要儿童发展纲要》都强调要使女童接受平等的教育,性别平等原则和理念在教育课程标准中得到体现,但是这些性别平等内容往往原则性较强,缺乏程序性的配套法规,在具体的教育教学过程中几乎难以落实。例如,中国第11个五年规划(2006)指出"继续实施性别平等的国策",保障"妇女进入学校的权利",但是并未制定与性别相关的预算或成果。因此,应该借鉴国内外优秀实践,推动社会性别主流化,并增强其在政策实施中的一致性和可持续性。

国家政策重心转移、决策和管理者轮换、项目试点工作结束以及课题工作经费限制等因素容易对女童教育所取得的成果带来不利的影响。处境不利状况长期受多种因素影响,仅靠某个项目、局部试点难以带来根本改变。项目运作方式受时限性制约,仅仅关注能在短期内见效的指标,而未必能兼顾长远目标并产生促进持续发展的作用。既定的实施方式容易制约必要的调整和创新。在受援群体的发展上,对女童发展的连续性和制度因素关注不够。参与式培训方法的使用虽然有助于引发内在改变,但是学校和教师的工作失去了外在支持和激励,也很难长效地保持和推广项目成果。因此,只有长期的、综合的教育革新才能产生积极影响。

除了构建性别平等的教育机制,还迫切需要通过制定政策和实施项目,转变体制结构,消除不平等的社会规范。尽管农村经济的发展是农村妇女发展的基础,但是经济的发展并未能直接带来农村地区的性别平等。国家需要普及和提高社会性别敏感性;建立社区支持;发展伙伴关系,扩大男性的参与和对话,使男女两性相互尊重特长和贡献。只有这样,才能应对女童教育与性别平等所面临的深层次挑战,形成可持续发展的模式。

第五章 结　　语

女童教育与性别平等不仅是发展的目标之一,也是实现其他目标的条件。女童教育作为一个交叉领域,涉及法律权利、减少贫困、人口增长、民族文化、学校改革、技能培训、父母教育、社区参与、社会保护和健康服务等方面。性别平等和女童接受优质义务教育的程度是衡量一个国家和地区社会进步的重要标准,需要从外到内对体制结构和社会规范进行深刻变革。

一、体制变革与创新动力

认识和调整教育体制的缺陷和公共政策的取向是促进平等的教育机会和成就机会的关键。以体制内的力量对体制的改良需要建立长效机制。不仅要自上而下制定政策,更要强调自下而上的调整,形成动态过程。顶层设计的同时还需要"底层规划",调整结构性障碍,培育社会参与力量,激励自下而上的基层创新。2010年以来我国新一轮的教育改革"推进中央向地方放权、政府向学校放权",通过基层的改革试点推动教育创新,通过多方合力促进教育范式的整体改变。基层、地方、组织和个人组成复杂的变革系统,形成变革的力量和社会基础。通过国家各部门通力合作,整体连贯地工作,针对女童的措施在实施过程中可能会更加有效。

因此,这就不仅需要"内部人"打破管理系统的利益机制,同时还有待有效的社会参与、多元利益的表达,使决策者、执行者、目标群体、利益相关者相互作用影响,在诸多不确定因素中达到价值和利益的平衡。在这种情况下,制度变革过程中需要特别重视信息透明度问题,推动社会公平和平等,保障弱势群体的根本利益。

二、文化传承与观念改变

在中国,传统、风俗和文化根植于人们的思想中,这些观点往往难于改变。虽然宣传和法规可以带来一定的效果,但是性别平等容易流于口头说法,而非彻底改变社会规范、行为方式和社会结构。此外,社会性别敏感意识更多地流行在学术界和项目开展的试点地区,而非主流化并贯穿于政府管理和政策之中。项目不仅需要针对女童和妇女,还要联合男童和男性、教育工作者、家长、社区成员、政府官员以及其他利益相关者共同推动性别平等。

三、背景差异与经验迁移

为推进全民教育进程,国际社会就如何分享经验和教训,反思总结已取得的成绩,并针对确立2015年后教育发展目标等内容展开了热烈的讨论,重点强调优质教育、全民学习、弹性策略以及利益相关者通力合作等新议题。在社会性别和发展本土化过程中,需要综合考虑地区、种族、文化、社会和历史因素,适时调整全球框架。制度能力建设,尤其是社区和发展能力的培育,有利于形成可持续动力机制,促使男女两性共同参与公共决策活动。但是,理论基础、成果评估、项目可持续性以及经验迁移和创新等问题和挑战依然存在。因此,探索最佳路径的过程将是一个学习、实践、融合、创新、反思和信息分享的过程。此外,还需多方努力,推动2015年后发展议程,确保女童教育成为优先发展事项。

只有将全球议程纳入国家规划之中并关注边缘化群体的特殊需求,才能真正推动女童教育和发展。然而,处境最不利群体的现实需求和特定情境并未能在国际和国家的举措中得到充分体现。同时,国家的关注点可能也会与国际社会有所不同。此外,如何促进以人为本发展,保障女童和其他不利群体的权益还需纳入全球和国家发展框架。

中国不同省份和地区差别很大,因而要根据当地实际情况灵活采取各种策略,促进女童平等接受优质教育。因此,需要增加可用数据的数量并提高其质量,尤其是按照年龄和性别分类的数据,这有利于确定不同群体的特殊需求以及所面临的挑战,并在国际和国家层面上对相关进展进行比较分析。由于在不同的体制机制下,支持女童赋权的背景因素有所差别,产生的后果也会不同。因此,不仅需要在实践中积累可行与不可行的经验,更重要的是关注受益者的利益,从他们的观点出发,探索其自身的有效创新路径。

中国女童教育在指导原则上,从"机会均等"转向"教育公平";在实施措施上,从"社会性别专门化"转向"社会性别主流化";在关注重点上,从"保证义务教育"到"重视非正规教育";在援救方法上,从"救助支持"转向"能力建设"和"建立伙伴关系",确保项目的可持续性,增强女童的权能;由此在动员结果上,从"政府保障教育权利"发展为"民间倡导为女童提供优质教育并全面赋权"。在未来发展中,中国将更加关注缩小教育中的各种差距、为女童和男童提供非义务教育并确保就业机会的均等、优先教育质量和均衡发展。

目前来说,中国系统总结女童教育和发展的文献尚十分有限,与国际社会的分享还有待展开。为弥补这一空白,本书力图清晰展示中国推动全民教育和千年发展目标实现方面的经验和教训。我们期待,在反思中国经验的基础上,文中所呈现的资料能够为推动跨文化对话、参与国际教育的发展贡献力量。确保女童接受有质量的小学、初中以及非正规教育与培训已经并仍将成为未来国际发展议程中的优先事项,这一努力必将有助于构建终身学习的社会和平等、包容的世界。

参考文献

[1]卜卫. 中国大陆媒介与性别/妇女研究回顾与分析（1995-2005)[J]. 新闻与传播研究,2006(4).

[2]陈亚亚. 论当代青少年性教育模式之转型[J]. 中国青年研究,2011(8):16-20.

[3]褚卫中,张玉慧. 农村义务教育"撤点并校"负面影响分析[J]. 教学与管理,2012(7).

[4]杜学元,沈堰奇. 我国小城镇女童学业状况的调查与分析[J]. 2005(2).

[5]顾华详. 新疆双语教育实现科学发展的对策研究[J]. 民族教育研究,2008(5):110-118.

[6]韩嘉玲,张妍. 女童研究综述[J]. 中国妇女研究年鉴(2001-2005).

[7]教育部. 中国全民教育行动计划(2011-2015). 2011.

[8]刘文利. 1988~2007:我国青少年性教育研究综述[J].

中国青年研究,2008(3).

[9]刘云杉,王志明. 女性进入精英集体:有限的进步[J].
高等教育研究,2008(2):49-61.

[10]任玉贵. 少数民族地区女童辍学问题的探讨[J].
民族教育研究,1993(4).

[11]史静寰. 教材中的性别问题研究[J]. 妇女研究论
丛,2001(1).

[12]史静寰. 教材与教学:影响学生性别观念及行为的
重要媒介[J]. 妇女研究论丛,2002(2).

[13]孙胜存,韩立新,周书霞. 校园女生暴力现象原因探
析及应对机制建设[J]. 河北工程大学学报(社会科学版),
2007(2).

[14]覃俊,杜圣明. 创新办学模式,促进少数民族女童教
育健康发展[J]. 中国民族教育,2005(5).

[15]王定华. 关于我国义务教育均衡发展之再审视[J].
基础教育研究,2012(7):25-28.

[16]王彤,晨映. 关爱大龄女童在行动[J]. 人人健康,
2012(10).

[17]王晓辉. 女童教育在哪里远离了平等[N]. 中国教

育报,2004-12-17.

[18]王振岭. 青海少数民族女童教育与民族地区义务教育[J]. 民族教育研究,2000(4).

[19]王振岭. 在改革和探索中发展少数民族女童教育[J]. 民族教育研究,2001(4):26-31.

[20]王舟. 女童教育研究二十年的回顾与反思[D]. 兰州:西北师范大学,2008.

[21]王舟. 我国女童教育研究的方法论困境[J]. 兰州大学学报(社会科学版),2011(9).

[22]万明钢."积极差别待遇"与"教育优先区"的理论构想——西部少数民族贫困地区教育发展途径探索[J]. 2002(5):21-25.

[23]吴慧平. 聚焦女童教育——农村女童教育研讨会综述[J]. 比较教育研究,2006(6).

[24]吴平. 五年来的双语教学研究综述[J]. 中国大学教学,2007(1).

[25]新宣. 深入开展关爱女孩行动,推进人口问题的统筹解决[J]. 人口与计划生育,2009(9).

[26]杨秀磊."春蕾计划"的发展路径[J]. 教育旬刊, 2012(4).

[27]张莉莉,郑新蓉,郭歆. 西部偏远少数民族地区女性领导力提升策略研究——以中英西南基础教育项目为例[J]. 山西师大学报(社会科学版),2011(4).

[28]张铁道等. 中国西部少数民族女童教育质量与效益研究[M]. 甘肃文化出版社,2003.

[29]张燕. 面向外来务工人员的育儿支援行动[J]. 学前教育研究,2005(6).

[30]郑新蓉,杜亮,魏曼华. 中国特岗教师蓝皮书[M]. 北京:教育科学出版社,2012.

[31]周卫. 中国西部女童教育行动研究[M]. 银川:宁夏人民教育出版社,1995.

[32]Anderson, M. B. (1988). Improving *Access to Schooling in Third World: A Review.* Bridge Research Report Series 1.

[33]Brown, P. (2006). "Parental education and investment in children's human capital in rural China". *Economic Development and Cultural Change*, 54: 759-790.

[34]Fustos, Kata. (2010). "Despite Wide- Ranging Bene-

fits, Girl's Education and Empowerment Overlooked in Developing Countries". April 2010. Available at http://www.prb.org/Articles/ 2010/ girlseducation.aspx (accessed May 17, 2010)

[35]Levine, Robert A., & LeVine, Sarah, & Beatrice Schnell-Anzola, & Rowe, Meredith L., & Dexter, Emily. (2012). *Literacy and Mothering: How Women's Schooling Changes the Lives of the World's Children*. New York: Oxford University Press.

[36]Luo Renfu, Zhang Linxiu, Liu Chengfang, Zhao Qiran, Shi Yaojiang, Grant Miller, Elaine Yu, Brian Sharbono, Scott Rozelle, Reynaldo Martorell, Alexis Medina. (2011). "Anaemia among Students of Rural China's Elementary Schools: Prevalence and Correlates in Ningxia and Qinghai's Poor Counties". *Journal of Health, Population and Nutrition,* 5: 23-38.

[37]Malewezi, F. (1990). "Why Some Girls Fail to Continue with Their Education". Paper presented at the National Seminar on Access of Women and Girls to Education and Training Opportunities. Lilongwe: NCWID.

[38]Ma, W., Hua. (2005). "The history, current situation

and problems of Chinese female higher education development". *Exploring Education Development*, 5.

[39]Meyerhoefer, Chad D., &Chen, C. J. (2011). "The effect of Parental labor migration on children's educational progress in rural China". *Rev Econ Household*, 9: 379-396.

[40]Postiglione, Gerard, & Zhu Zhiyong, Ben Jiao. (2002). "From Ethnic Segregation to Impact Integration: State Schooling and Identity Construction for Rural Tibetans". *Asian Ethnicity*, 2: 195-217.

[41]Save the Children, UNICEF. (2003). "What's the Difference? An ECD impact study from Nepal". Unpublished.

[42]Song, L., & Appleton, S., & Knight, J. (2006). "Why do girls in rural China have lower school enrolment?". *Word Development*, 9:1639-1653

[43]UN. (2010). "Accelerating Efforts to Advance the Rights of Adolescent Girls—A UN Joint Statement". Available online at www.unfpa.org/webdav/site/global/shared/documents/news/2010/joint_statement_adolescentgirls.pdf

[44]UNICEF. (2012). "Empowering Adolescent Girls

through Education".

[45]UNICEF. (2013). "Sustainable Development Starts and Ends with Safe, Health and Well-educated Children". Available online at http://www.unicef.org/socialpolicy/files/Sustainable_Development_post_2015.pdf

[46]UNICEF & UNESCO Office in China. (2013). "Achieving EFA and Beyond: Education for All in China 2000-2010". Available online at http://www.unicef.cn/en/uploadfile/2014/0117/20140117052857688.pdf

[47]UNDP. (2010). Asia and the Pacific Human Development Report 2010: Power, Voices and Rights.

[48]UNESCO. (2003). EFA Global Monitoring Report.

[49]UNESCO. (2010). "Accelerating Efforts to Advance the Rights of Adolescent Girls—A UN Joint Statement."

[50]UNESCO. (2011). EFA Global Monitoring Report.

[51]UNESCO. (2012a). World Atlas of Gender Equality in Education.

[52]UNESCO. (2012b). EFA Global Monitoring Report.

[53]UNGEI. (2012). "Engendering Empowerment: Educa-

tion & Equality". Available online at http://www.ungei.org/files/ EngenderingEmpowerment_WebVersion.pdf

[54]World Bank. (2012). World Development Report: Gender Equality and Development.

附　录

一、 全民教育目标(EFA Goals)①

国际议定的六大教育目标旨在于2015年以前满足所有儿童、青年及成年人的学习需求。

目标1 扩大和改善幼儿,尤其是最脆弱及条件最差的幼儿的全面保育及教育。

目标2 确保在2015年以前所有的儿童,尤其是女童,各方面条件较差的儿童及少数民族儿童都能接受和完成免费的和高质量的义务初等教育。

目标3 确保通过平等获得必要的学习机会,学习各种生活技能,以满足所有青年及成年人的学习需求。

目标4 2015年以前使成人特别是妇女的识字率提高百分之五十,并让所有成年人都享有接受基础教育和继续教

---

① 请参见联合国教科文组织网站 http://www.unesco.org/new/zh/education/themes/leading-the-international-agenda/education-for-all/efa-goals/。

育的平等机会。

目标5　在2005年以前消除初等及中等教育中男女生人数不平衡的现象,并在2015年以前实现教育方面的男女平等,重点确保女青少年有充分和平等的机会接受和完成高质量的基础教育。

目标6　全面提高教育质量,确保人人都能学好,特别是在读、写、算及基本生活技能习得方面都能取得受认可的、看得见的学习成果。

二、千年发展目标(MDGs)①

联合国千年发展目标是联合国全体191个成员国一致通过的一项旨在将全球贫困水平在2015年之前降低一半(以1990年的水平为标准)的行动计划,2000年9月联合国首脑会议上由189个国家签署《联合国千年宣言》,正式做出此项承诺。

目标一　消除极端贫困与饥饿

●1990年至2015年间,将每日收入低于1美元的人口比

---

① 请参见 http://www.cn.undp.org/content/china/zh/home/mdgoverview/。

例减半

- 使包括妇女和青年人在内的所有人都享有充分的生产性就业和体面的工作

- 1990年至2015年间,将挨饿人口的比例减半

目标二　普及小学教育

- 确保到2015年,世界各地的儿童,不论男女,都能上完小学全部课程

目标三　促进男女平等并赋予妇女权

- 争取到2005年消除小学教育和中学教育中的两性差距,最迟于2015年在各级教育中消除此种差距

目标四　降低儿童死亡率

- 1990年至2015年间,将5岁以下儿童的死亡率降低三分之二

目标五　改善产妇保健

- 1990年至2015年间,将产妇死亡率降低四分之三

● 到2015年,普及生殖保健服务

目标六　与艾滋病毒/艾滋病、疟疾和其他疾病做斗争

● 到2015年制止并开始扭转艾滋病毒/艾滋病的蔓延

● 到2010年实现为所有需要者提供艾滋病毒/艾滋病治疗

● 到2015年制止并开始扭转疟疾和其他主要疾病的发病

目标七　确保环境的可持续能力

● 将可持续发展原则纳入国家政策和规划,扭转环境资源的流失

● 减少物种多样性的丧失,到2010年将物种多样性丧失率显著降低

● 到2015年将无法持续获得安全饮用水和基本卫生设施的人口比例减半

● 到2020年,至少让1亿贫民窟居民的生活有明显改变

目标八　全球合作　促进发展

● 进一步发展开放的、遵循规则的、可预测的、非歧视性的贸易和金融体制。包括在国家和国际两级致力于善政、发

展和减轻贫穷

● 满足最不发达国家的特殊需要。这包括：对其出口免征关税、不实行配额；加强重债穷国的减债方案，注销官方双边债务；向致力于减贫的国家提供更为慷慨的官方发展援助

● 满足内陆国和小岛屿发展中国家的特殊需要

● 通过国家和国际措施全面处理发展中国家的债务问题，使债务可以长期持续承受

● 与发展中国家合作，为青年创造体面的生产性就业机会

● 与制药公司合作，在发展中国家提供负担得起的基本药物

● 与私营部门合作，提供新技术，特别是信息和通信技术产生的好处